U0512013

牛顿

探索精妙的50个作品、生活和遗产

主编

[英]布莱恩·克莱格
（Brian Clegg）

参编

[英] 西蒙·弗林（Simon Flynn）

[英] 苏菲·赫布登（Sophie Hebden）

[英] 安德鲁·梅（Andrew May）

译者

于学渊　马英梅

机械工业出版社
CHINA MACHINE PRESS

北京市版权局著作权登记 图字：01-2017-8442号

图书在版编目（CIP）数据

牛顿/（英）布莱恩·克莱格（Brian Clegg）主编；于学渊，马英梅译.—北京：机械工业出版社，2024.3
（30秒探索）
书名原文：30–Second Newton
ISBN 978-7-111-74817-5

Ⅰ.①牛… Ⅱ.①布…②于…③马… Ⅲ.①牛顿（Newton，Issac 1643-1727）–生平事迹 Ⅳ.①K835.616.11

中国国家版本馆CIP数据核字（2024）第067252号

机械工业出版社（北京市百万庄大街22号 邮政编码100037）
策划编辑：汤 攀 责任编辑：汤 攀 张大勇
责任校对：曹若菲 丁梦卓 封面设计：鞠 杨
责任印制：张 博
北京利丰雅高长城印刷有限公司印刷
2024年7月第1版第1次印刷
148mm×195mm·4.75印张·180千字
标准书号：ISBN 978-7-111-74817-5
定价：59.00元

电话服务 网络服务
客服电话：010-88361066 机 工 官 网：www.cmpbook.com
010-88379833 机 工 官 博：weibo.com/cmp1952
010-68326294 金 书 网：www.golden-book.com
封底无防伪标均为盗版 机工教育服务网：www.cmpedu.com

目　录

前言

布莱恩·克莱格（Brian Clegg）

在爱因斯坦出现之前，艾萨克·牛顿（Isaac Newton）毋庸置疑是世界上最著名的科学家之一。2013年，当《观察者报》（The Observer Newspaper）整理出"十大"物理学家名单时，牛顿理所当然地占据了榜首。有意思的是，牛顿的言论在他成为世界最著名的科学家后几乎被当成了金科玉律，因为他的本性里有一种要挑战迷信权威的趋势，而这种权威已经被亚里士多德"扭曲"的世界观影响人类智慧超过1500多年了。

牛顿的独立性看起来是在很小的时候就形成的。1642年圣诞节（按照现代的历法为1643年1月4日），他出生于英国林肯郡的伍尔索普庄园（其实是个农场）。幼年时，牛顿的家庭并不完整。他的父亲在他出生前就去世了，母亲在他三岁时再婚并搬出去和她的第二任丈夫住在一起，把牛顿留给了他的祖父母。后来，当牛顿母亲的第二任丈夫去世后，她带着牛顿非常不喜欢的同母异父的兄弟姐妹回来了。

牛顿全然不顾他母亲希望他留在家里照看农场的意愿，选择了接受教育以逃离自己不喜欢的生活。他先是在格兰瑟姆的学校学习，后来又去了剑桥大学。他早年在剑桥的日子并没有什么可回顾的。牛顿通过发展微积分（他称之为"流数术"）来创造数学历史；在物理学方面，除了使他最出名的科学研究领域——运动、力学和万有引力理论，他在光和颜色方面的研究也使他备受赞誉。

值得注意的是，上面所说的一切都是牛顿在闲暇时间取得的成就，他在同时期也研究炼金术和神学，尤其对圣经里的年代有一种特别的兴趣。这些情况并没有妨碍他在1689—1690年及1701—1702年作为剑桥大学的代表担任国会议员，当时正值国家权力从詹姆斯二世向奥兰治的威廉三世过渡的动荡政治时期。另外，从

1696年起他开始了自己的第二职业，先后成为皇家铸币厂的监察官和厂长，主要负责监察英国货币的重铸工作并且打击制造假币的工具和人，同时，牛顿还接管并致力于复兴该国科学方面的领导机构——英国皇家学会，担任皇家学会会长。

一些科学家在去世后才名声大噪，但牛顿尚在世时虚构出来的一些故事就让他成为一个十足的名人。举例来讲，著名的苹果落在头上的故事，尽管牛顿声称他是看到苹果掉落的场景后受到启发的，但是实际上苹果肯定没有砸过他的脑袋。牛顿甚至参与改写了一点历史。在他即将被授予爵位时（这一荣誉并不是授予他对科学的贡献，而是授予他在政治和财政方面突出的工作），他上报了一个父母假的结婚日期以否认他是私生子的可能性。

牛顿于1726年3月20日（按照现代的历法为1727年3月31日）在伦敦去世，他的杰出贡献使得他在威斯敏斯特大教堂的墓地让许多具有更高社会地位的人都相形见绌。这个几乎没有什么朋友也没有什么关系圈的怪人，揭示了宇宙的许多运作方式，这似乎是一个新的美丽的机械创造。牛顿有些理论在当时是不被看好的，比如他的光粒子理论，然而，他的这个理论与惠更斯的波动理论相互竞争，进而在20世纪以新的形式再次出现。

我们不应该对维多利亚时代的潮流信以为真，认为过去伟大人物的思维方式与相同时代的人不同。牛顿的时代已经过去很久远了，不过，即使到现在，他的成就仍然是辉煌的。

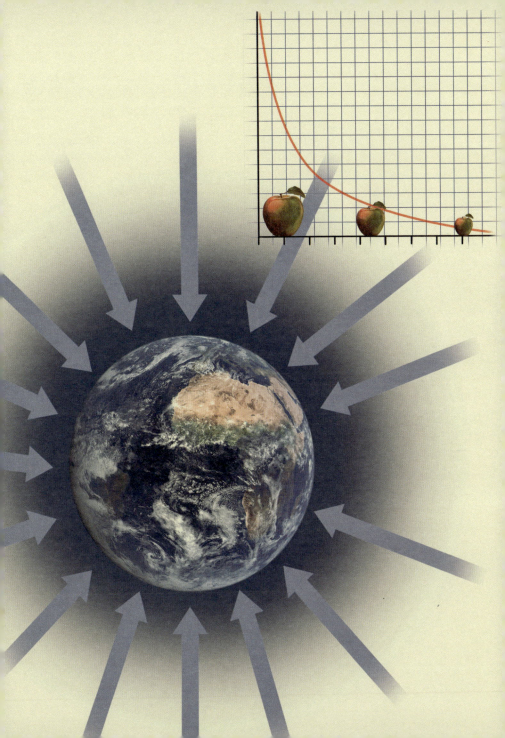

光

光
术语

微积分 由牛顿和莱布尼茨发展起来的一套数学方法。微积分有两个分支，即微分学和积分学。微分学是通过观察一个变量无穷小的变化对另一个相关变量引起变化的影响的一种方法。积分学是微分学的逆，通常可以用来计算曲线下的面积。我们现在使用的术语——流数术（微积分）是由莱布尼茨和牛顿提出的。牛顿和莱布尼茨分别提出了他们的观点。牛顿可能首先提出了流数术，但莱布尼兹首先推出了微积分的说法。这最终也成为了一场旷日持久的优先权之争。

衍射 光的一种特性，用来证明光是一种波。衍射（牛顿称其为"拐点"）在光线穿过一个狭窄的孔径时产生，或者穿过一个不透明物体的边缘时，产生的分散的波。

牛顿描述了几次衍射实验，但他努力用他的粒子理论来解释它们。

以太 以太，或者更确切地说是光以太，是一种看不见的物质，它被认为在宇宙中到处都是，使光能够穿过空无一物的空间。

胡克（Hooke）的《显微制图》 牛顿长期以来的对手罗伯特·胡克创作了17世纪最引人注目的科学著作之一。这本著作除了描述胡克在光学上的见解，还包含了胡克通过早期显微镜观察到的58幅图片（手绘），从生物细胞到复杂的苍蝇的眼睛，以及一个跳蚤和虱子的大折叠式图像。

戈特弗里德·莱布尼茨（Gottfried Leibniz） 戈特弗里德·莱布尼茨出生于莱比锡，与牛顿同时代的他是一位杰出的数学家。他最大的成就是微积分的发展，我们现在仍然在使用他发明的术语和符号，包括用拉长的 S（summa或 ∫）来表示现代数学的总和。

牛顿关于光和颜色的文章 1672年2月，牛顿写给英国皇家学会秘书亨利·奥尔登堡（Henry Oldenburg）的一篇文章，后来发表在《哲学学报》上，这封信描述了牛顿在进行光实验时的发现。

牛顿的颜色和光理论　牛顿使我们对光和颜色的认识发生了革命性的变化。他首先认识到白光是光谱颜色的混合，不同的颜色在从一种物质到另一种物质时，会不同程度地弯曲，由此当物体通过棱镜或雨滴时就会产生彩虹；当物体从白光中吸收了其他颜色时，物体的颜色就展现了剩余的光。

光学　《光学》作为牛顿的第二大著作，于1704年在英国出版。著作的全称是《光学或论光的反射、折射、弯曲与颜色的论述》。著作里面同时还有两篇论述曲线图形的种类和大小的论文。

《自然哲学的数学原理》　牛顿的经典著作《自然哲学的数学原理》给出了他的三大运动定律和万有引力定律法则，表明了因为同样的原理导致了苹果的掉落和行星围绕太阳旋转的现象。这本书于1687年用拉丁文出版。

反射镜　像牛顿的反射望远镜一样，用曲面镜而不是透镜来收集光线。牛顿的望远镜将光线聚焦在一个小平面反射镜上，这个反射镜可以反射望远镜侧面的图像，而早期的反射望远镜由苏格兰天文学家詹姆斯·格雷戈里设计，用一个小的曲面镜，通过主镜中间的一个洞将图像反射出来。

光波理论/牛顿粒子理论　牛顿同时代的著名荷兰科学家克里斯蒂安·惠更斯认为光是波。牛顿从未接受过这一点，尽管他对光和颜色的观察与他对光本质的假设是分开的，但他对光是由粒子组成的观点做了详细论证。具有讽刺意味的是，他的结论在19世纪被证明是错误的，直到20世纪，粒子模型才被量子理论所接受。

反射望远镜

30秒理论

牛顿通过他的光学实验得出，当白光通过透镜时，它的组成颜色被不同程度的弯曲或折射，这种现象被称为色差。色差的影响并不大，但这意味着当时用透镜制成的折射望远镜无法完美地生成清晰的图像。1663年，一个名叫詹姆斯·格雷戈里的苏格兰人提出了另一种望远镜的构想，这种望远镜用曲面镜代替透镜，牛顿意识到格雷戈里的反射望远镜应该不会有色差。然而，由于实际困难，格雷戈里无法建造他的望远镜。牛顿简化了他的设计，把其中一个曲面镜换成了一个平面镜，并在1668年制作了一个小的原型望远镜。据证明，这个望远镜和一个体积更大的折射望远镜功能一样强大。牛顿在剑桥的一位同事艾萨克·巴罗建议位于伦敦的英国皇家学会应该关注这种新仪器。这促使牛顿制造出了第二架更大的望远镜。1671年，艾萨克·巴罗在伦敦展示了该望远镜。这款望远镜给英国皇家学会的成员们留下了深刻的印象，几个月后他们推选牛顿为英国皇家学会研究员。

3秒钟快速浏览
牛顿发明了一种新的望远镜，它使用曲面镜而不是透镜来聚焦入射的光线。

3分钟详细解读
牛顿错误地认为没有色差的透镜不可能做出来，这个问题最终被约翰·多伦德用不同类型的玻璃制成的复合镜片解决了。然而，大多数天文望远镜（包括哈勃太空望远镜）都是反射镜，工作原理与牛顿最初的设计相似，因为制作一个大的镜子比同样大小的透镜要容易得多。

相关主题
英国皇家学会　8页
斯陶布里奇棱镜　26页

3秒钟人物
艾萨克·巴罗
（ISAAC BARROW）
1630 — 1677
英国数学家，他向英国皇家学会展示了牛顿的望远镜

詹姆斯·格雷戈里
（JAMES GREGORY）
1638 — 1675
苏格兰天文学家，他设计了望远镜，但是没制造过望远镜

约翰·多伦德
（JOHN DOLLOND）
1706 — 1761
英国光学仪器商，他在牛顿去世后解决了色差的问题

本文作者
安德鲁·梅

一个小的平面镜和稍大一点的曲面镜组合产生了牛顿一直所寻找的效果。

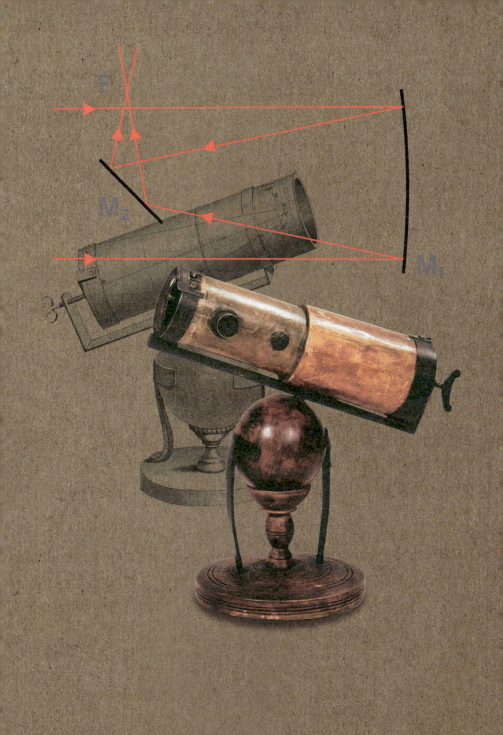

眼睛实验

30秒理论

3秒钟快速浏览

牛顿在自己的眼睛上做了一些痛苦的、残忍的、具有潜在破坏性的实验，其中一个实验是将一个锥体插入他的眼睛及其眼窝之间。

3分钟详细解读

科学家们勇于在自己身上做实验是自然科学一段了不起的历史。汉弗莱·代维曾经研究笑气（一氧化二氮）对自己的影响，他后来还写了一首诗表明他挺享受这种经历；皮埃尔·居里用胶布把镭盐封在自己的胳膊上长达十个小时；维尔纳·福斯曼将导管插入血管，并且将导管一直推到自己的心脏部位，然后拍了张心脏的X光片。

当要进行科学实验时，牛顿非常愿意把自己的身体置于危险之中。这包括用一只眼睛盯着镜子里反射的太阳，直到所有的浅色物体都呈现出红色而深色物体呈现出蓝色。即使这种感觉停止了，他也能闭上眼睛想象自己在看太阳来恢复这种感觉。这个实验让牛顿花了四天的时间才让他的视力恢复到正常的水平，但是在接下来的几个月里，他的视力反复出现问题。更令人惊讶的是，牛顿甚至用自己的眼睛做实验来干扰自己的视力。在牛顿1665—1666年的笔记中，有一个实验是这样描述的：他在眼睛和眼窝之间插入一个锥体（有点像编织针），并尽可能地靠近眼睛的后部。随后他按压住那里并不断地改变按压力度和转动方向以改变视网膜的弯曲度，这使他可以看到"白色黑眼圈和彩色眼圈"。在那个年代，牛顿并不是唯一一个把自己的身体当作可以进行合法实验实体的科学家。他的身体后来遭受了很大的痛苦，他对这项事业的贡献是毋庸置疑的。

相关主题

重组　32页
颜色的本质　38页

3秒钟人物

汉弗莱·代维
（HUMPHRY DAVY）
1778 —1829
英国化学家和发明家，1820—1827年担任英国皇家学会主席

皮埃尔·居里
（PIERRE CURIE）
1859 —1906
法国物理学家，1903年与其妻子居里夫人及亨利·贝克勒尔一起获得了诺贝尔物理学奖

维尔纳·福斯曼
（WERNER FORSSMANN）
1904 —1979
德国内科医生，1956年诺贝尔生理学或医学奖获得者

本文作者

西蒙·弗林

牛顿的太阳凝视法，使得浅色物体呈现出红色、深色物体呈现出蓝色，而他的眼睛需要好几天才能恢复。

英国皇家学会

30秒理论

3秒钟快速浏览
牛顿在他生命的最后24年担任英国皇家学会的主席。他在职期间工作得很好，当然，英国皇家学会也让他变得更好。

3分钟详细解读
英国皇家学会的根基在于弗朗西斯·培根爵士的工作，他被大家称为"实验科学之父"。培根曾经希望建立一个学习管理部门，并描述为一个"致力于研究上帝的作品和生物"的机构。英国皇家学会成立大会于1660年举行，在培根死后的不到40年时间，该协会的格言是Nullius in verba（拉丁文）（大致翻译为"不接受任何人的说法"）。

在牛顿关于光和颜色的文章发表的1672年，他首次被推选进入英国皇家学会。1703年，他跟随克里斯托弗·雷恩和塞缪尔·佩皮斯等人的脚步，成为英国皇家学会的第12任主席直到他去世。牛顿就任时，英国皇家学会只有40年的历史，学会的发展急需一剂强心针，而牛顿正是提供这剂强心针的人。他改变了这个几乎破产的学会的命运，并监督购买了学会的第一套房产。他的第二部伟大作品《光学》于1704年出版并贡献给了英国皇家学会。牛顿想彻底地塑造学会的未来，并建立自己的声誉，好在天遂人愿。当牛顿与莱布尼茨（当时也是英国皇家学会的一员）关于微积分发明的优先权争议在1708年爆发时，牛顿通过成立一个委员会一劳永逸地解决了这个问题。由于是牛顿亲自撰写委员会的相关报告，因此这根本就不是一场公平的争辩。1709年，牛顿起草了一份"黑名单"，在上面列出了他想要从英国皇家学会理事会中除名的人。毋庸讳言，他们中没有一个人在后来的再次选举中当选。

相关主题
反射望远镜　4页
皇家铸币厂　46页
戈特弗里德·莱布尼茨　57页

3秒钟人物
弗朗西斯·培根
（FRANCIS BACON）
1561—1626
英国哲学家、大法官

克里斯托弗·雷恩
（CHRISTOPHER WREN）
1632—1723
圣保罗大教堂建筑师，英国皇家学会的创始成员

塞缪尔·佩皮斯
（SAMUEL PEPYS）
1633—1703
英国作家、国会议员，1684—1686年期间担任英国皇家学会主席

本文作者
西蒙·弗林

Nullius in verba是英国皇家学会的格言（拉丁语），它颂扬了人们通过实验来验证陈述的决心。

站在巨人的肩膀上

30秒理论

3秒钟人物

罗伯特·胡克
（ROBERT HOOKE）
1635—1703
英国自然哲学家和建筑师

埃德蒙·哈雷
（EDMUND HALLEY）
1656—1742
英国天文学家，第二个皇家天文学家，他资助了牛顿《自然哲学的数学原理》的出版

本文作者

西蒙·弗林

3秒钟快速浏览

从牛顿第一次发表作品开始，他与罗伯特·胡克的智力之争也开启了，直到30年后胡克去世，牛顿的智力一直在巅峰和低谷中循环。

3分钟详细解读

胡克关于《自然哲学的数学原理》一书的评论深深地伤害了牛顿。天文学家埃德蒙·哈雷告诉牛顿，胡克在宣称，牛顿是从他那里得知重力的强度与两个物体之间的距离的平方成反比的关系，因此他要求牛顿能承认自己的优先权。然而作为回应，牛顿删除或减少了许多对胡克的致谢，比如：将"最杰出的胡克"删减成"胡克"。

1672年，在牛顿的色与光的理论被公之于众后不到一个星期的时间里，英国皇家学会的第一任实验馆馆长罗伯特·胡克就根据他自己的棱镜实验，以及之前出版的《显微制图》上的研究成果，对牛顿色与光的理论进行了详细的批判。两个理论之间的一个重要区别是胡克主张光的波动理论，而牛顿似乎更赞成粒子理论。不过胡克也相信颜色是光被修改的结果。三年后，牛顿写了一篇《光的假设》，并在他的说明信中提到了胡克。当牛顿写的这篇文章在英国皇家学会宣读时，胡克站了起来，声称文中的大部分内容都可以在他的《显微制图》一书中找到，而牛顿"只是在某些细节上做了进一步的阐述"。于是牛顿被激怒了。为了防止在公共场合发生争吵，胡克建议他和牛顿私下里就各自的光学观点进行交流。牛顿同意了，并回应说："如果我看的更远，那是因为我站在巨人的肩膀上"。然而，这种和平并没有持续下去，在11年后牛顿的巨著《自然哲学的数学原理》出版的准备阶段之前，两人之间的战火再次燃起。在胡克于1703年去世后，牛顿才选择出版他的第二部伟大作品《光学》。

　　罗伯特·胡克是一个博学多才的人，他是伦敦的城市规划人员，也是一位自然哲学家；他于1665年出版了《显微制图》。

以太

30秒理论

3秒钟快速浏览

牛顿设想光是由发光物体发出的小球组成，然后通过以太这种介质以直线的方式穿过，最后进入我们的眼睛。

3分钟详细解读

牛顿不喜欢讨论以太或者光是由什么组成的，他承认他并不知道以太到底是什么物质，也承认在没有对以太更好的解释的情况下先使用着它。后来，牛顿完全放弃了以太作为光的传播媒介，并且否定了笛卡尔的天体漩涡理论，牛顿的运动理论能完美地解释行星的运动。

当牛顿还是个蹒跚学步的两岁孩子时，笛卡尔就用一种被称为以太的介质（他认为所有的空间和物质都充斥着这种介质）来解释行星的圆周运动，以及将其作为光的传播媒介。笛卡尔认为以太是粒子的漩涡，行星就如同树叶在水的漩涡中漂浮一样。他认为光是以太中移动的压力，当以太粒子旋转时就会产生颜色。与牛顿同时代的人用以太来解释没有任何直接接触的物体之间的相互作用，比如磁力和重力。牛顿的学术劲敌罗伯特·胡克将光描述为以太的振动或脉冲。荷兰科学家克里斯蒂安·惠更斯进一步采纳了胡克的观点，将光描述为通过以太传播的波。牛顿不同意波动假说，原因很简单，光不会转弯。他把光想象成小球状，或者各种大小的"微粒"，从发光的物体中放射出来，以有限的速度行进，直到它们进入眼睛。他认为以太是由比空气或光更小的、"更强弹性"的粒子组成的。

相关主题

光粒子 16页
斯陶尔布里奇棱镜 26页
行星运动 126页

3秒钟人物

勒内·笛卡尔
（RENE DESCARTES）
1596—1650
法国哲学家、数学家和科学家

克里斯蒂安·惠更斯
（CHRISTIAAN HUYGENS）
1629—1695
荷兰数学家、光波动理论的支持者

本文作者

苏菲·赫布登

光"微粒"通过以太这种介质从光源到眼睛进行传播，当以太中的粒子旋转时颜色就产生了。

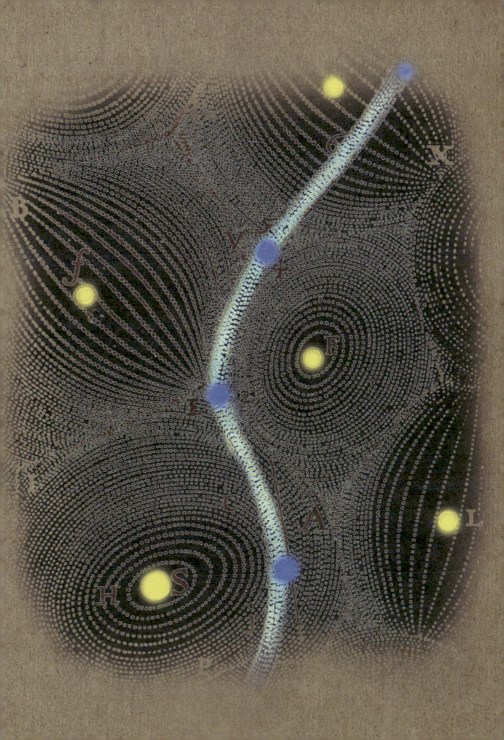

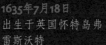

1635年7月18日
出生于英国怀特岛弗雷斯沃特

1648年
被派往伦敦当彼得·莱利的学徒，但是很快就加入了威斯敏斯特学校

1652年
就读于牛津大学基督教会学院

1662年11月5日
成为英国皇家学会实验馆馆长

1663年6月3日
成为英国皇家学会会员

1664年—1665年
成为伦敦格瑞萨姆学院的几何学教授

1665年
出版《显微制图》

1666年
协助雷恩重建大火灾后的伦敦

1672年
第一次与牛顿在光与颜色的理论上"相遇"

1678年
出版了《弹簧》，阐述了他的弹性定律

1679年
第一次给牛顿写信，表达自己关于重力的观点

1690年
在英国皇家学会的一次讲演中，指控牛顿剽窃

1703年3月3日
在伦敦去世，享年68岁

人物传略：罗伯特·胡克

ROBERT HOOKE

众所周知，罗伯特·胡克是牛顿最著名的劲敌，两人的敌对关系从牛顿第一次向英国皇家学会提交报告开始，直到胡克去世才结束。

胡克的父亲和叔叔们一直期望胡克能跟随他们进入神职人员的行列，但他患了持续头痛的病症，备受折磨。最后不得不让胡克结束针对神学的教育，让他去探索一直吸引着他的自然科学和机械装置。13岁时，胡克就失去了父亲。由于胡克出色的绘图技术，人们决定让这个男孩师从伦敦的肖像画家彼得·莱利。然而绘图学习并没有持续多久。后来胡克用他父亲留给他的40英镑遗产去威斯敏斯特学校求学，这一点也显示了贯穿他生命始终的明显的自主精神。

完成求学后，胡克又去了牛津的基督教会学院，在那里探索天文学和机械学，但最重要的是成为原始化学家罗伯特·波义耳的助手。波义耳是"无形学院"的成员，该学院还有成员约翰·沃利斯和克里斯托弗·雷恩。当政治变化让"学院"成员难以留在牛津时，许多人搬到了伦敦的格瑞萨姆学院（Gresham College），在那里他们帮着成立了英国皇家学会（Royal Society）。1662年胡克被任命为实验馆馆长。

1665年，胡克将他的制图术和科学探索结合起来，出版了《显微制图》，这是一本插图精美的书，它以巨大的折叠式图稿为特色，以惊人的精准度描绘出跳蚤之类的动物。在这本书中，他还注解了树皮的重复结构，称这些盒子形状的"细胞"让他想起了僧侣的小屋。胡克本应凭借自己的出色能力和本身的头衔被人们所记住，如从建造第一个实用的格里高利望远镜到描述他的弹性定律。不过对我们来说，他的主要角色定位还是牛顿的对手。

当牛顿关于光和颜色的信被提交给英国皇家学会时，胡克要求再检查一番。尽管胡克后来承认自己在检查方面花的时间很少，不过当时他声称文章中他认为正确的部分内容是基于自己的想法，而剩下的那部分内容都是错误的。胡克在去世前与牛顿多次交锋，大多是恶言相向，这种情况导致牛顿写下了著名的句子"站在巨人的肩膀上"，这句话被认为是对胡克体形的侮辱。这种对峙直到1690年仍然很明显，胡克在一次评论万有引力的演讲中称"我自己第一次发现并向社会展示了……最近牛顿先生将把这个作为他自己的发明并且帮忙把它印刷和出版出来。"胡克一度被低估，直到现在他在科学史上的真正地位才得到了认可。

布莱恩·克莱格

光粒子

30秒理论

3秒钟快速浏览
牛顿基于粒子的光理论认为光是由微小的球状体或微粒组成的,它们沿着直线从发光的物体中流出。

3分钟详细解读
牛顿不同意光波的说法,因为他认为光不能转弯,而声波在物体周围发生"衍射"时会发生这种情况。如果光是由在介质中传播的波组成的,那么介质必须在空间中到处延伸,由此会"干扰和阻碍"行星的运动,从而"阻碍大自然的运转"。尽管如此,牛顿还是很乐意用以太这种介质来解释折射和衍射。

牛顿对光学研究的成果,是他关于光本质的观点。他设想光从发光的物体中放射出来,就像一股被称为"微粒"的微小粒子流。粒子沿着直线高速离开发光的物体,当它们进入眼睛时,就会产生物体的图像。微粒理论成功地解释了光从物体表面反射的现象,但当涉及其他现象时就无法解释了,比如光通过玻璃时光线的弯曲、折射和衍射,以及光如何在尖锐的边缘弯曲。在牛顿1704年出版的关于光的主要著作《光学》中,他试图利用以太解释这些现象。他认为以太传播振动的速度比光的速度快,所以当光微粒被以太表面的振动超过时,它们就会被放入"易反射"和"易传送"的状态,从而引起折射和衍射。牛顿的这些想法具有很强的推测性,而由克里斯蒂安·惠更斯提出的另一种波动理论为这些现象提供了更好的解释。不过在一定程度上,由于牛顿在科学方面的声望,他的微粒观点在接下来的100年里占据着主导地位。

相关主题
眼睛实验 6页
以太 12页
行星运动 126页

3秒钟人物
克里斯蒂安·惠更斯
(CHRISTIAAN HUYGENS)
1629—1695
荷兰数学家,他的光波理论因为牛顿的不认可而没有被广泛接受长达一个多世纪

本文作者
苏菲·赫布登

光学的见解——牛顿利用他对以太的假设使光的粒子理论适用于衍射和折射效应。

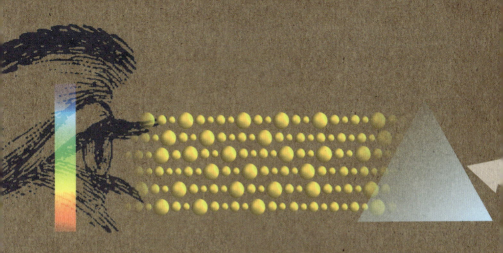

OPTICKS:

OR, A

TREATISE

OF THE

REFLEXIONS, REFRACTIONS,

INFLEXIONS and COLOURS

OF

LIGHT.

ALSO

Two **TREATISES**

OF THE

SPECIES and MAGNITUDE

OF

Curvilinear Figures.

发明数据

30秒理论

3秒钟快速浏览
牛顿对那些为支撑自己的理论而发明数据的人不屑一顾，这也反映出对科学方法的观察和实验日趋重要。

3分钟详细解读
当其他人尝试着复制牛顿对于光的实验（第一棱镜发出的彩色光通过第二棱镜）时，他们并没有能够重现牛顿所说的结果。对此，牛顿承认他对实验的描述并不足够地详细，而且他有时候会在光穿过第二个棱镜时才看到颜色的变化，不过他选择忽略这一点。他选择接受能支撑他理论的数据，而忽略不能够支撑他理论的数据，这种做法现在被称作"摘樱桃"（意为"随意选取"）。

尽管牛顿并不是第一个把理论建立在观察和实验基础上的人（比如，伽利略在这个方向上已经迈出了伟大的一步），但他却是现代科学实验的早期倡导者。实验并不是完全新兴起来的，尤其是天文学家们已经做了许多测量并且记录了很多数据，但是在很大程度上，古希腊式的将理论建立在论证而不是证据的基础上的倾向仍然占据着主导地位。牛顿对希腊罗马式的天文学家托勒密的评价很苛刻。托勒密曾经被怀疑将别人的数据当作他自己的（这个别人可能是丢失自己著作的希帕克斯）。牛顿指责托勒密发明数据用来迎合自己的理论，认为他犯下了一项"针对同道的科学家和学者的罪行，这是对他职业道德和诚实品格的背叛，使得人类永远失去了关于天文学和历史重要领域的基本认知"。牛顿还补充说，"托勒密并没有放弃这些理论，而是故意伪造了从理论中得到的观察报告，这样他就可以声称这些观察报告可以证明他的理论的正确性。"在已知的科学或学术环境中，这种做法被称为欺诈，这是一种对科学和学术的犯罪。

3秒钟人物
克罗狄斯·托勒密
（CLAUDIUS PTOLEMY）
约90—约168
希腊罗马式的埃及籍天文学家

弗朗西斯·莱恩
（FRANCIS LINE）
1595—1675
英国耶稣会数学家，在比利时列日市工作

伊丹·马略特
（EDME MARIOTTE）
1620—1684
法国自然哲学家

本文作者
布莱恩·克莱格

尽管牛顿直言不讳地谴责托勒密，但他自己因在光实验中针对性地挑选数据而感到内疚。

色彩

色彩
术语

色差　当光在空气和玻璃之间穿行时，光的颜色对应着不同程度的弯曲，一个简单的透镜会产生彩色的条纹而不是清晰的图像，这叫做色差。

凹面　向内弯曲的曲面，通常在凹透镜中。

凸面　向外弯曲的曲面，通常在凸透镜中。

勒内·笛卡尔（Rene Descartes）　法国哲学家和自然哲学家，他认为光线是通过以太中一系列微小的刚性球体传播，所以光源的这一"推进"会对观看者的眼睛产生瞬间的冲击从而出现了视觉，他还认为重力是由以太中旋转的漩涡产生的。更有价值的是，笛卡尔说明了如何将几何图形和代数方程联系起来，使之成为一种更强大的理解自然的数值方法，而不是传统意义上的几何方法。

全音阶　一种以全音关系排列的音阶，从一个音符到下一个同一音符需要七步才能达到高八度音。以钢琴上的白色琴键为例，C大调全音阶在返回C之前先进行CDEFGAB。牛顿认为光应该也有等效的七种颜色。

《大著作》Opus Majus　是中世纪科学的杰作，由英国修士罗杰·培根于1267年所著。原本打算作为一本科学百科全书的提案寄给教皇，并希望能够得到资助以完成编写，最终发展成为一本50万字的杰作，成为中世纪欧洲科学知识的最佳文献。书中还有培根的原创思想。

伊格纳斯·加斯顿·帕尔迪（Ignace Gaston Pardies）　跟牛顿同时代的法国人。与笛卡尔不同的是，他相信光速是有限的，光是一种产生波状效应的谐和振动。帕尔迪最初对牛顿关于白光是如何由光谱组成的解释提出了疑问，但牛顿说服了他。牛顿的死敌罗伯特·胡克在攻击牛顿时就利用了这个争端。

棱镜 从几何的角度看,棱柱是通过把一个多边形拉伸到第三个维度从而形成的一个三维形状,所以它有两个平面"末端"。从光学上看,棱镜是一个透明的物体,最具代表性的是玻璃。各个棱镜的表面之间有一个角度,所以当光线射入一个面时可以让光线折射,而当光线从另一个面再次射出时可以折射。最常见的形状是三角棱柱。

折射 光线从一种物质穿过到另一种物质时,光线的方向发生的变化。例如光线在空气和玻璃之间或在空气和水之间穿过。折射是由光线在不同介质中的速度变化引起的,当光线进入一种它以较慢速度穿行的物质时,就会导致光线从表面向垂直线弯曲。

光谱 彩虹是一个光线经折射或反射后形成的光谱。光谱指的是连续值集中的一个范围。原则上,这可以是任何东西,但在光学上它指的是一系列的光的颜色对应于不同的波长、频率或光子能量(三者是相当的)。完整的光谱从无线电,微波,红外线、可见光、紫外线和X射线直到伽马射线。可见光只是整个光谱中的一小部分。

球面像差 早期的透镜的形状通常类似于球体的一部分,但这并不理想,因为透镜边缘附近的光线不能与透镜中心附近的光线在同一点精确聚焦,这被称为球面像差。

非复合光/复合光 牛顿区分了单一颜色的"非复合光"和就像白色一样但颜色经过混合的"复合光"。我们现在的说法是,非复合光要具有单一的频率、波长或者光子能量。

彩虹的颜色

30秒理论

3秒钟人物

威廉·赫歇尔
（WILLIAM HERSCHEL）
1738—1822
出生于德国的英国音乐家和天文学家，研究温度计在光谱不同位置的反应时发现了红外线

本文作者

西蒙·弗林

3秒钟快速浏览

在只强调彩虹有7种颜色之前，牛顿起初认为彩虹只有5种颜色，而7种颜色的前提是忽略"无数的中间渐变色"。

3分钟详细解读

今天我们知道所看到的颜色只是电磁光谱的一小部分，这其中还包括无线电波、微波、红外线、紫外线、X射线和伽马射线。1800年，天文学家威廉·赫歇尔在用棱镜进行实验时发现了红外线。据估计，人眼能分辨出接近1千万种颜色。牛顿很清楚地意识到，这是远远超过7种颜色的。

每当看到彩虹，我们立刻能想到它由以下七种颜色组成：红色、橙色、黄色、绿色、蓝色、靛色、紫色。这都要归功于牛顿和他利用棱镜进行的实验。牛顿在成为剑桥大学卢卡斯数学教授的第一个系列讲座就是关于光学（光学选择）的，其中包括他最早使用棱镜的实验。他最初只描述了五种颜色，但当他开始修正颜色的种类时，他选择加入橙色和靛色，用以提供"一个更精致的对称性"，同时，这样修正还可以使颜色和音乐之间产生联系。牛顿认为，颜色可以像全音阶的七个音符一样形成和声。与此同时，在英国皇家学会发表的一份文件中，牛顿承认存在"中间色调的无限变化"，但奇怪的是，30多年后，当他开始撰写《光学》时，他并没有强调这种划分的随意性。如果牛顿生活在几个世纪前，他会列出什么样的颜色我们并不清楚，因为直到15世纪，橙色才从橙子这个水果中拿出来作为一种特殊的颜色而存在。在此之前，这个颜色一直被称为黄红色。

牛顿通过棱镜实验从彩虹中识别出了常见的7种颜色。

斯陶尔布里奇棱镜

30秒理论

3秒钟人物

勒内·笛卡尔
（RENE DESCARTES）
1596—1650
法国著名自然哲学家，他的机械论科学观主导了17世纪中期

本文作者

西蒙·弗林

3秒钟快速浏览

在牛顿之前，人们认为颜色是因为白光的性质被改变而产生的。

3分钟详细解读

牛顿告诉我们，他最初购买棱镜是为了他进行非球面透镜的研磨工作。笛卡尔已经证明了球面透镜不能完美聚焦图像，这对望远镜和显微镜具有很重要的影响。牛顿的反射望远镜在研究减少球面透镜像差方面取得了重大进展。可以通过点对点放置两个棱镜来近似凹透镜，也可以通过两个棱镜底座对底座来近似凸透镜。

17世纪60年代早期，法国自然哲学家笛卡尔对光和颜色的解说占据着主导地位。几乎每个人都认为，光线最简单、最自然的样子是白色的，而色彩是由白光的一种变化造成的，比如苹果会呈现出红色是因为它的表面改变了击中它的白光的物理性质。在一系列精彩的实验后（包括牛顿自称于1665年在剑桥外面斯陶尔布里奇市集上买的一个棱镜的实验），牛顿彻底颠覆了公认的颜色理论。有一个实验是这样的：牛顿在百叶窗上开了一个洞，除非有光线穿过这个洞，否则他的房间是漆黑的，然后他把棱镜放置在这个洞的位置以便让光线穿过棱镜，结果是有彩虹投射在了对面的墙上。最关键的是，形成的光谱呈长方形的形状，并在其边缘消失不见，而根据笛卡尔的理论光谱是呈圆形的。这使得牛顿相信笛卡尔的理论是错误的，现在他必须发展自己的关于光和颜色的理论。

牛顿斯陶尔布里奇棱镜的实验产生了一个矩形的而不是圆形的光谱。

第二个棱镜

30秒理论

3秒钟快速浏览

在一系列引人注目的包括更多的棱镜实验中，牛顿发现白光是由多种颜色混合而形成的。

3分钟详细解读

在17世纪再现棱镜实验的一个主要困难是玻璃制品品质的不稳定。这些玻璃制品通常很小，布满着诸如气泡之类的瑕疵，并且边缘很少完全平整。如果你认为基于牛顿理论的学校实验结果通常令人不太满意，想象一下当时的读者在拜读他的著作时所面临的问题。这也是牛顿的观点总是不轻易被其他自然哲学家接受的原因之一。

在确信笛卡尔关于光和颜色理论是错误的之后，牛顿认为必须提出他自己的理论。他认为排除他的实验结果受棱镜自身瑕疵影响的可能性是至关重要的，然后牛顿通过在他的实验中增加第二个棱镜来展示他在实验方面的天赋：如果棱镜材质的不规则性是造成他之前观察结果的原因，那么包括用第二个棱镜造成的再次折射也不可能消除这些因素的影响。牛顿重复着"斯陶尔布里奇棱镜"实验，并用第二个相同大小的棱镜，将其相对于第一个棱镜进行倒置，这样当光线离开第二个棱镜时，就好像它根本没有被折射过一样，第二个棱镜将第一个棱镜的光谱重新混合成白色的光。随后，牛顿把两个棱镜调高，使进入第二个棱镜的光发生更强的折射：从第一个棱镜离开后进入第二个棱镜的红光仍然是红色的，而蓝光也仍然是蓝色的。在这一系列精彩的实验中，牛顿对第二个棱镜的引入使得其在探索光的本质方面的做法与别人大不相同。

相关主题

光粒子　16页
彩虹的颜色　24页
斯陶尔布里奇棱镜　26页
决定性实验　30页
颜色的本质　38页

3秒钟人物

勒内·笛卡尔
（RENE DESCARTES）
1596—1650
法国著名自然哲学家

本文作者

西蒙·弗林

牛顿设置第二个棱镜后，使得进入的光被折射得更多，从而证实了光是多种颜色混合而成的。

决定性实验

30秒理论

1672年2月，牛顿给位于伦敦的英国皇家学会写了一封长信，讲述了在伍尔索普的家中和剑桥大学里由他引导进行的光学实验。他还绘制了一些图表，展示了从百叶窗上的一个洞里射进来的一缕光线在穿过棱镜时是如何弯曲的，并在墙上形成了一个细长的彩色光谱，光谱的一头是蓝色，离直线最近的地方是红色。然后他描述并通过画图展示了自己是如何在有色光束的路径上放置第二个棱镜，以观察蓝色或红色的光是否能被分散成更多的颜色。彩色光线在穿过第二棱镜时是弯曲的，但是并没有产生新的颜色，蓝色还是蓝色，红色还是红色。牛顿用拉丁语相当夸张地说，这是他的决定性实验，它表明颜色是"纯净的"，白色的阳光是由这些颜色的混合物组成的；玻璃不会改变光线的路线，也不会创造出颜色，它只是可以把光线分开而已。每种颜色在弯曲程度上的差异有助于区分它们：蓝色弯曲或者说"折射"的角度比红色更大一些。

3秒钟快速浏览
牛顿这样总结他的实验："光是由可以进行各种折射的光线组成的"。

3分钟详细解读
用一块玻璃来创造出彩虹的颜色并不是一个新想法，因为人们在玻璃被发明出来就注意到这一点。不过，第二棱镜的进一步使用让牛顿的认识超越了主流观点，也就是说，要大胆尝试新的事物。比如，让不同的颜色结合起来，看看会发生什么。

3秒钟人物
弗朗西斯·培根
（FRANCIS BACON）
1561—1626
英国哲学家，他创造了"决定性试验"一词

罗伯特·胡克
（ROBERT HOOKE）
1635—1703
英国自然哲学家和建筑师，将出自培根的"决定性实验"一词进行了改编，牛顿很可能是从胡克这里借来的那个习语

本文作者
苏菲·赫布登

决定性实验——当第一棱镜将白光分离成颜色光谱时，第二棱镜并没有进一步分离它们。

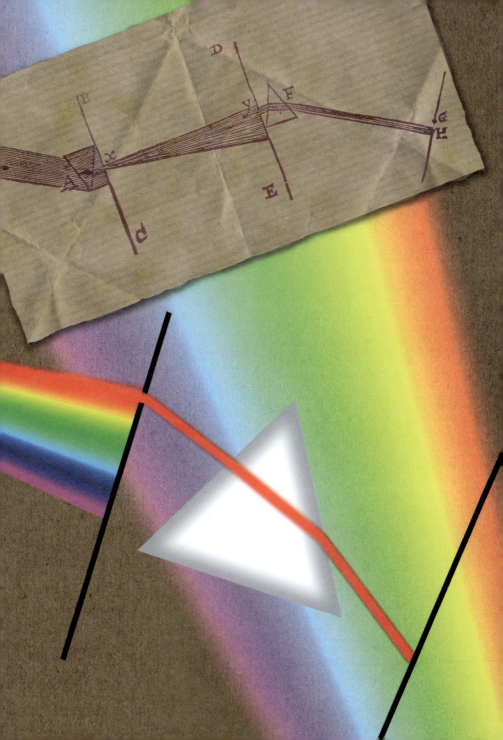

重组

30秒理论

3秒钟快速浏览

通过从透镜发送出全光谱光的做法，牛顿能够强化这组颜色组合产生白光的方式。

3分钟详细解读

白光是由光谱中的颜色组合而形成的想法对于与牛顿同时代的人来说特别难以接受，比如法国哲学家帕尔迪。因为古典的希腊物理学仍在当时占据主导地位。根据1500年都没有改变过、几乎让所有人都接受的亚里士多德的物理学理论，所有的颜色都是不同的表面对光明和黑暗混合后反应而成的结果，而白光是一种基本光而不是合成光。

牛顿用一对棱镜来研究一束阳光是确凿无疑的。当他把从一个棱镜产生的光谱中拿出来的任何一种颜色通过第二个棱镜时，发现颜色没有变化，你可能会认为他已经把这个话题验证清楚了。不过，由于认为光谱的颜色都是白光的想法与当时人们普遍接受的观点大相径庭，牛顿不得不强化他的发现。为此，他设计了一个重组实验。他意识到透镜可以使色彩的传播聚焦到一个点上，于是他把透镜放入棱镜产生的光谱的路径之中，结果显示，合成的、重新组合的颜色产生了白色（根据牛顿的说法，这是"一个半径约3英尺（约90cm）的透镜"）。为了强调这个效果，他用一把细梳子使得光线在照射到棱镜前将光谱的一部分去除，结果显示光斑的颜色随着光谱的成分而发生改变。

相关主题

斯陶尔布里奇棱镜 26页

第二个棱镜 28页

颜色的本质 38页

3秒钟人物

亚里士多德（ARISTOTLE）前384—前322
古希腊哲学家，他的科学思想（包括光学方面的）在伽利略及牛顿的时代之前被广泛接受

伊格纳斯·加斯顿·帕尔迪（IGNACE GASTON PARDIES）1636—1673
巴黎耶稣会信徒、法国哲学家，他是最初驳斥牛顿关于白光是由光谱颜色组合形成的观点的人

本文作者

布莱恩·克莱格

牛顿用一个相当大的透镜（半径大约三英尺）重新组合了光谱的颜色。

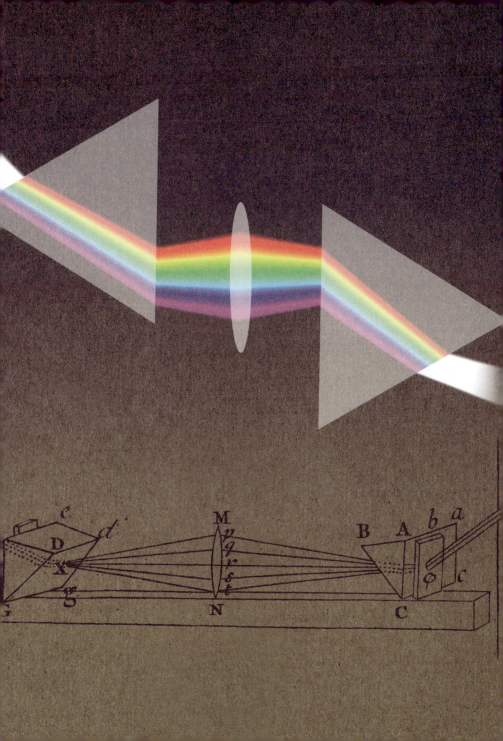

1629年4月14日
出生于荷兰海牙

1645年
进入莱顿大学

1647年
转学至布雷达的奥兰治学院

1654年
回到家乡海牙的霍夫维克

1655年
发现土星的卫星——泰坦（Titan）

1656年
创立了一个摆钟的原型

1657年
写了一篇关于概率的论文

1663年
当选为英国皇家学会会员

1666年
移居至位于巴黎的法国科学院

1678年
首次讨论他的光波动理论

1681年
回到海牙

1684年
设计"空中"望远镜框架

1689年
访问英国并会见牛顿

1690年
出版他的伟大著作《光论》（Treatise on Light）

1695年7月8日
在海牙逝世

人物传略：克里斯蒂安·惠更斯

CHRISTIAAN HUYGENS

在牛顿所有的对手中，他似乎最尊重克里斯蒂安·惠更斯。这位荷兰科学家研究了从概率论到天文学的一切，他还发现了土星的卫星——泰坦（Titan），但牛顿主要对他在光方面的专业研究感兴趣。

惠更斯的父亲是一位富有的外交官，他所在的圈子认可伽利略和笛卡尔的理论。正如那个时代许多享有特权的孩子一样，惠更斯也有私人家庭教师为他上大学做准备。惠更斯在莱顿大学学习了法律和数学，当时的他打算追随父亲的步伐走上外交生涯。事实上，他的确是从这条路开始的。不过，在大学里数学却成了他最感兴趣的科目，他甚至利用他的个人收入投身于学习和相关实验。

惠更斯的早期研究主要是在数学方面，但随着时间的推移，他逐渐对天文学产生了兴趣。他打磨自己的镜片，并设计出了一种新型的目镜。为了观察方便，他经常使用专业制造的望远镜。他的兴趣不断扩大，这促使他发明了钟摆。从1666年到1681年，他居住在巴黎，并且在由路易十四创立的法国科学院任职。

作为英国皇家学会的一员，惠更斯了解到了牛顿早期关于光和颜色的研究。惠更斯非常支持牛顿对颜色的解释，但他批评了光是由粒子组成的假设。惠更斯确信光是波，这意味着它需要一种可以"波动"进来的材料。他认为，表面上的真空实际上是由大量微小的弹性球体填充的，它们构成了以太。当光源发出光时，它开始在一个球体中运动，运动对它周围的其他球体产生影响。光向外移动、小的光波集合后，每一个小波都从周围的球体触发新的小波。这其中许多小波会被抵消掉，但是在光的传播路线上的小波会聚在一起。

惠更斯的小波模型解释了各种各样的光现象，如折射和衍射。不过这个模型对牛顿没有吸引力，他依然坚持他的"微粒"理论。尽管如此，与许多在科学上反对牛顿的人不同，惠更斯经常认同牛顿的观点。1689年，惠更斯访问英国时，他和牛顿首次会面，直到六年后惠更斯去世，期间他们一直保持着断断续续的联系。

布莱恩·克莱格

彩虹

30秒理论

通过一张棱镜将光谱中的颜色从白光中分离的清晰画面，牛顿可以进一步描述生活中最常见的自然光谱——彩虹的形成原理。

虽然彩虹的形成原因已经在某种程度上被当时的人们所熟知，但牛顿还是通过对白光的分解做出解释以便人们真正理解它。为什么彩虹的颜色会出现在雨滴中？显而易见，答案是因为白光由各种颜色组成。阳光在进入水滴时先被折射，并在遇到水滴另一面时被反射回来，然后被水滴再次折射后进入空气，在光强度最高时，阳光的出射和入射角度为42°。被分散的颜色在水滴内汇聚成一点，所以光谱在回到空气中之前会先交叉，而彩虹在天空中的位置和太阳相对，所以很容易被看出来。虽然蓝光被折射得角度最大，最终却是红光出现在彩虹最上端，形成了彩虹的最外层颜色。如果太阳在天空中的位置高于42°，那么人们在地面上就看不到彩虹了，因为彩虹将会出现在地平线以下。整个彩虹在天空中的弧度长达84°，需要一个广角镜头才能够完整地捕捉到它。

3秒钟快速浏览
牛顿利用他对白光构成的理解，以及不同颜色穿过物体时会被不同程度弯曲的方式来解释彩虹的形成原理。

3分钟详细解读
13世纪的科学家罗杰·培根以彩虹为例，在他伟大的《大著作》中说明了实验科学的重要性。培根记录了对棱镜和其他形状玻璃碎片产生的光谱的比较，并探索了用何种角度可以看到水滴在反射和折射的作用下带来的彩虹效果。不过，他相信彩虹的颜色是视觉的人工产物，而不是真正的颜色。

3秒钟人物
罗杰·培根
（ROGER BACON）
1214或1220 — 约1292
英国的方济会修士，他痴迷于收集科学方面的知识

本文作者
布莱恩·克莱格

阳光的光线被雨滴不同程度地折射，将光线分解后形成天空中的彩虹。

颜色的本质

30秒理论

牛顿对棱镜的研究启发了他进一步解释为什么物体看起来是一种特殊的颜色。正如他写给英国皇家学会秘书亨利·奥尔登堡并于1672年2月发表的文章中所说："自然物体的颜色没有其他的来源，呈现各种各样的颜色是因为物体反射一种颜色的光比另一种颜色的光更多。"例如，当看到一个红色物体时，他指出："可用日光来说明，当各种各样的光线杂乱地混合在一起时，那些符合红色条件的光线会在反射光中大量存在，由于它们的普遍存在，就会使这种颜色出现。"正如他通过棱镜实验证明的那样，白色的阳光中包含了所有可能的颜色。如果光线落在蓝夹克上，从红到绿的颜色中的大部分会被吸收，在靛蓝/紫光谱的末端相当数量的光也会被吸收。经过吸收后，剩下的主要是蓝色，当光线到达牛顿的眼睛时，他看到了一件蓝色的夹克。（我们现在知道，所有的光都被吸收了，但只有特定频率的光被重新发射，其余的光被吸收为热。）

3秒钟快速浏览

当白光射中一个物体时，一些颜色被吸收，而剩下的部分被反射并产生物体表面的颜色。

3分钟详细解读

牛顿意识到虽然物体有一个主要的表面颜色，但它们通常会在一定程度上反射其他颜色。为了证明这一点，他区分了单一光谱颜色的"未混合"光与混合两种或两种以上颜色的"混合"光。他指出，在阳光下呈现红色的物体，原则上在未混合的光线照射下可以呈现任何颜色，但如果光线中不包含其反射的"最丰富"的颜色，它就会变得模糊和不令人满意。

相关主题

光粒子　16页
彩虹的颜色　24页
第二个棱镜　28页

3秒钟人物

亨利·奥尔登堡
（HENRY OLDENBURG）
1619—1677
德国外交官、自然哲学家，他发表了牛顿写给英国皇家学会的文章

罗伯特·胡克
（ROBERT HOOKE）
1635—1703
英国自然哲学家，他对牛顿学说的批判导致了两人之间的终身不和

本文作者

布莱恩·克莱格

红辣椒看起来是红色的原因是只有红色频率的光被重新反射到观察者的眼睛里。

超越物理

超越物理
术语

炼金术 发音来源于阿拉伯语al-kimiya（炼金术），这个词本身来源于一个物质转化成金银的希腊式术语。炼金术是化学的前身，它将化学方式的一些分析目标和进一步的类似"点石成金"的哲学追求结合在一起，试图将任一物质变成黄金或者追求永生。

阿里乌斯教派 阿里乌斯教派是像牛顿这样信奉"阿里乌斯教派异端"的人的信仰。他们认为基督教的"圣父、圣子和圣灵三位一体"（不是圣经中的）并不存在，而宁可说是只有一个上帝。阿里乌斯教派的名字来自于教义的发起者阿里乌斯，他生活在公元三四世纪的埃及。

微积分 由牛顿和莱布尼茨发明的一套数学运算方法。微积分有两个分支，微分学研究的是通过观察一个变量无穷小的微小变化对另一个变量的影响，它可能是速度的变化率（加速度），亦或是气压随海拔的变化率。积分学是微分学的逆，通常可以用来计算曲线下的面积，或者用来加总越来越多的极小值。牛顿和莱布尼茨分别提出了他们的观点。牛顿可能首先提出了流数术，但莱布尼茨首先发表了微积分。这曾是一场旷日持久的优先权之争。

安东尼奥·康提（Antonio Conti） 康提是一位意大利的修道院院长和数学家，在牛顿和莱布尼茨关于微积分发明的优先权的争论中，二人都向他吐露了自己的秘密。康提扮演着中间人的角色。

无穷小 具体来说是某些东西的部分中，小到无法测量的部分。微分的原理是把一个东西分成越来越小的部分，直到它有无限小的部分，这些部分甚至小到接近消失以达成正确的结果。

戈特弗里德·莱布尼茨（Gottfried Leibniz） 出生于莱比锡，与牛顿同时代，是一位完美的数学家，有时把他称为"大陆牛顿"。他最大的成就是微积分的发明，而且我们仍然在使用他创造的术语和符号，包括在现代数学里代表积分的拉长的 S（summa）或（∫）。

约翰·洛克（John Locke） 英国哲学家、牛顿的朋友。洛克是一个经验主义者，他相信知识不是我们与生俱来的东西，而是纯粹来自我们感官的输入。这种说法强调了证据高于人类逻辑的重要性，使其在从古希腊方法转向现代科学思维的过程中具有吸引力。

第二个棱镜 是牛顿决定性实验的中心思想：光在穿过一个棱镜后会形成一道彩虹，他将一段色彩进行分离让光线再次穿过第二个棱镜，结果显示光线会进一步弯曲（不同颜色和不同数量），但是并没有进一步改变颜色。

神学 从字面上看，是对上帝的"认识"或"描述"，有时被学术界称为神性，在中世纪被认为是最重要的学术科目，在当时它被看作是"最高贵的科学"。到了牛顿所处的时代，随着大学课程的修订，神学逐渐失去了它的主导地位。

《关于两门新科学的对话》 伽利略最伟大的新科学著作，这套著作包含了伽利略关于物质和运动的理论，并引入了相对论的概念。对于现在的人们来说，这套著作比牛顿的书可读性要强得多。

议员

30秒理论

在牛顿的故事中，最大的看点似乎是关于科学优先权的争论，人们很容易忘记他也经历了英国政治的动荡时期。尽管牛顿一生以科学上获得的成就而著称，但他依然是这些政治变革的核心。

1685年，罗马天主教徒詹姆斯二世接过英国王位时，这位新君主决心让天主教徒至少与相对应的新教徒平等。当时，剑桥大学只对新教徒开放，而牛顿在那些反对詹姆斯和抵制接纳天主教徒的人群中表现得很积极。牛顿成为了剑桥大学的两名议员之一，并代表剑桥大学参加了1689年举行的接受威廉·奥兰治取代詹姆斯王位的国会会议。除了参与这次重要的投票以外，将牛顿公认为一名议员的角色并不是一件很重大的事情。他在众议院唯一引人注目的行为是因为一股气流而要求关闭一扇窗户。即便如此，他也在1701—1702年代表剑桥大学连任议员，但这也同样没有带来明显的影响。

3秒钟快速浏览
尽管牛顿致力于他的学术研究，他还是时刻准备着拥护剑桥大学新教徒的身份，并作为剑桥大学的代表两次当选国会的议员。

3分钟详细解读
人们常说艾萨克·牛顿是第一个因为对科学的贡献而被封为爵士的人。的确，哪怕是近代科学家获得这一荣誉还是很罕见的。值得一提的是，据说物理学家迈克尔·法拉第因为不认可任何荣誉而拒绝了骑士头衔。事实上，正是牛顿在"新教"事件中的立场，以及他与任命他进入皇家铸币厂的英国财政大臣查尔斯·蒙塔古之间的友谊，为他带来了骑士的爵位。

相关主题
皇家铸币厂　　46页
牛顿图书馆　　58页

3秒钟人物
詹姆斯二世
（JAMESII）
1633—1701
查理一世的儿子，
1685—1688年在位

威廉·奥兰治
（WILLIAM OF ORANGE）
1650—1702
1689—1672年以威廉三世之名统治英格兰、苏格兰和爱尔兰的荷兰王子

迈克尔·法拉第
（MICHAEL FARADAY）
1791—1867
英国物理学家和化学家

本文作者
布莱恩·克莱格

牛顿充分参与了围绕罗马天主教徒詹姆斯二世的动荡政治活动。

皇家铸币厂

30秒理论

3秒钟快速浏览

牛顿晚年在位于伦敦的皇家铸币厂工作，最初是监察官，后来成为厂长。

3分钟详细解读

在牛顿时代，像纸币和信用这样的概念还处于萌芽阶段，所以"货币"实际上仍然是硬币的同义词。当时最常见的金融犯罪形式是伪造货币，而牛顿作为铸币厂的监察官，其职责之一就是追查货币造假者并收集他们的证据。起初他觉得这有失身份，但很快他开始喜欢这样的侦探工作。据说，牛顿在这方面的工作相当成功。

牛顿议员的职务意味着他需要频繁地访问伦敦，到了16世纪90年代，他有了一种永久移居伦敦的愿望。他通知他的朋友们他正在首都寻找合适的职位。他的一位名叫查尔斯·蒙塔古的学生在当时刚刚担任英国财政大臣。查尔斯利用自己的影响力，让牛顿被任命为英国皇家铸币厂的监察官。牛顿于1696年抵达当时坐落于伦敦塔的铸币厂，发现铸币厂正处于危机中。国家所有的硬币都是需要被重新铸造的，而且重铸项目也远远赶不上进度。牛顿证明了自己是一个高效的管理者，他很快发现了需要新设备这个瓶颈，通过解决这个问题项目很快就回到了正轨。随着危机的解除，牛顿利用他在科学工作中所运用的独创性思维，承担了铸币厂的日常管理工作，先是担任监察官，后升任为厂长。正如牛顿的继任者约翰·康杜特所说，牛顿"有频繁的机会运用他在数学和化学方面的技能，尤其体现在他对外国硬币的分析表上"。

相关主题

议员　44页

3秒钟人物

查尔斯·蒙塔古
（CHARLES MONTAGU）
1661—1715
牛顿的好友，威廉三世在位时期的英国财政大臣

约翰·康杜特
（JOHN CONDUITT）
1688—1737
牛顿外甥女的丈夫，后来继任了铸币厂厂长的职位

本文作者

安德鲁·梅

牛顿把他敏捷的数学天赋和深厚的化学知识从学术领域应用到皇家铸币厂繁忙的工作领域。

炼金术的诱惑

30秒理论

3秒钟快速浏览

作为那个时代的人，牛顿相信有隐藏的古代智慧可以被发现，而具有神秘含义的炼金术，帮助其塑造了研究方法。

3分钟详细解读

牛顿可能是所有炼金术实践者中操作最科学的一位，他对自己所做的工作进行了精确的测量和记录。然而，他对这一课题的研究方法与现代科学家的研究方法截然不同，他一直在寻找精神世界和自然界日常运作之间的象征性关系。牛顿在炼金术方面的研究长期以来被忽视，但在正确看待牛顿的工作和研究方法时，考虑到这一点是很重要的。

从现代科学的观点来看，一个具有创新性的科学家对炼金术感兴趣是很奇怪的，因为就像近代科学出现以前的"胡言乱语"一样，我们把炼金术和占星术混为一谈。然而牛顿作为那个时代的人，已经开始从不同的视角看世界。正如中世纪的学者们把他们的论点建立在神学（即"最崇高的科学"）上一样，牛顿认为他所扮演的角色就是要揭示上帝进行创造世界的工作原理。四百年前，中世纪的科学家罗杰·培根曾描述过一种当时普遍的认知，即古人对世界是如何运转的已经有着完全的了解，但是现在这些知识已经丢失了。牛顿也持有同样的观点。基于这一点，炼金术变得更有意义，并开始吸引像牛顿这样的科学家。炼金术士们关心的是物质的本质，他们认为所有的物质都是由四种古希腊说法的"元素"组成的，即土、气、火和水，这些元素可以被分解，也可以被重新组合。当时有一部分科学家如罗伯特·波义耳，主要关注元素是如何组合的这样的简单研究，也被称为"投机炼金术"。不过根据牛顿的神秘观点，炼金术的魅力主要在于其具有可操作性，这也是将廉价金属转化为黄金的一种古老的愿望。

相关主题

炼金术实验　　50页
牛顿图书馆　　58页

3秒钟人物

罗杰·培根
（ROGER BACON）
1214或1220 — 约1292
英国方济会修士，他的《大著作》很好地描绘了中世纪科学的本质

罗伯特·波义耳
（ROBERT BOYLE）
1627 — 1691
英国的先驱化学家，他在炼金术的传统方面做了相当多的研究

本文作者

布莱恩·克莱格

牛顿想要了解的世界，在他看来是上帝的创造物，而炼金术是一条了解这个世界可能的路径。

炼金术实验

30秒理论

3秒钟快速浏览
牛顿为了追求炼金术的目标，做了大量的化学实验，并写了大量关于炼金术的文章，但是他的具体操作一直秘而不宣。

3分钟详细解读
对于一个相当无秩序的学科，牛顿带来了知识和实验的严谨性。他自己制造了无机酸（硫酸、硝酸和盐酸）。根据牛顿所写一本手册中描述的方法，印第安纳大学的历史学家们制造出了pH值为零的硫酸（硫酸油）和硝酸（强酸水），他们还成功地再生了如右边描述的所谓"网"的产品。

直到经济学家约翰·梅纳德·凯恩斯在1936年购买了牛顿的炼金术文集，牛顿对炼金术的感兴趣程度以及炼金术一直作为他一生中大部分时间的个人追求才变得人所尽知起来。我们现在知道牛顿写了大约100万字与炼金术有关的文献，同时他也可能是当时该领域阅读最广泛的人。有一本笔记本详细地记录了牛顿30年来在剑桥大学三一学院附带花园里面的小屋里操作过的诸多化学实验。归因于其在炼金方面的有效性，有关化学元素锑（Sb）的实验起到了重要的作用。（事实上它是锑的矿石，即辉锑矿，三硫化二锑Sb_2S_3）。此外，在炼金术中，某些金属与罗马的神是同义的。当牛顿读到奥维德关于火神把妻子维纳斯（铜）和她的情人罗神（铁）困在金属网里的传说时，他发现了一种制造这种"网"的方法。这种方法是先用铁从矿石中提取锑，然后加入铜，这就产生了一种表面有明显网状结构的铜和锑合金。

相关主题
炼金术的诱惑　48页

3秒钟人物
奥维德（OVID）
公元前43—约公元19
罗马诗人

约翰·梅纳德·凯恩斯
（JOHN MAYNARD KEYNES）
1883—1946
英国经济学家，牛顿论文的收藏家

本文作者
西蒙·弗林

凯恩斯在1936年后扩大了他有关牛顿炼金术论文的收藏，并在1946年将其收藏遗赠给剑桥大学的国王学院。

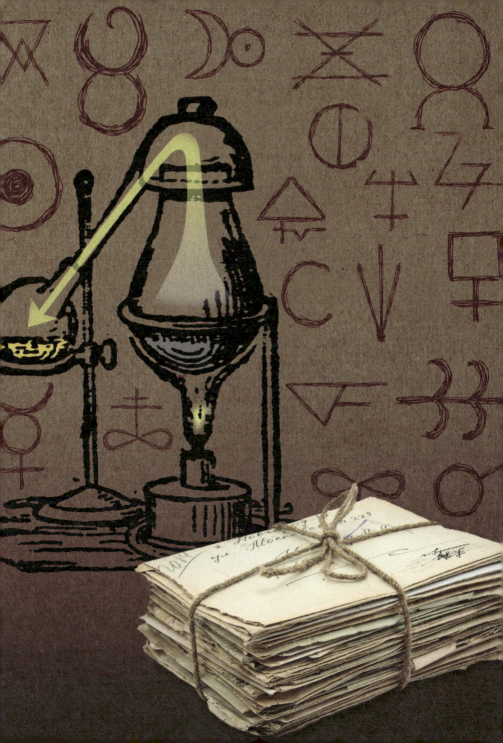

牛顿神学：阿里乌斯教派

30秒理论

3秒钟快速浏览

牛顿信奉一位单一的全能的上帝，他冒着亵渎神明被指控的风险拒绝接受正统的三位一体学说。

3分钟详细解读

牛顿认为科学和宗教信仰之间没有冲突。他在1713年出版的《自然哲学的数学原理》第二版的注释中明确指出了这一点。他把物质世界看作是上帝存在的明确证据："这个由太阳、行星和彗星组成的最完美的人为的系统，只能来自一个全智全能的主宰和统治，不可能来自任何别的东西。"

在牛顿所在的年代，学术职位往往带有宗教方面的义务。1667年，当牛顿成为剑桥大学三一学院的一名研究人员时，他被要求在七年内且在严格的条件下接受圣职，也就是被任命为牧师。这一要求促使他对神学进行了详细的研究。他很快就意识到，英国国教至少有一条他不能接受的基本教义。幸运的是，他设法通过获得一种特殊的豁免，使他免除了担任圣职的义务。不过，此事激发了他在神学方面的兴趣，这种兴趣一直伴随他剩余的人生。牛顿不能接受的那条教义是"三位一体"，即上帝存在于三个人：圣父、圣子和圣灵。相反，牛顿坚信至高无上的上帝只有一个。牛顿的这种信仰通常被称为阿里乌斯教派，这个教派以早期基督教牧师阿里乌斯（Arius）命名。在牛顿所处的时代，尽管包括哲学家约翰·洛克在内的其他著名思想家也持有跟阿里乌斯相同的观点，但是否认三位一体仍然被认为是亵渎神明。牛顿在1690年寄给洛克的一篇私人信件中表达了他的信仰，这是一篇名为"圣经中两例显要人物堕落的历史文献"。这篇私人信件最终发表于1754年，也就是牛顿去世近30年后。

相关主题

圣经中的科学　54页
牛顿图书馆　58页

3秒钟人物

阿里乌斯（ARIUS）
约250——336
早期反对三位一体教义的基督教牧师

约翰·洛克
（JOHN LOCKE）
1632——1704
英国哲学家，他也是启蒙运动的主要人物

本文作者

安德鲁·梅

牛顿深信万物必须服从"一个存在体即宇宙最高统治者"的统治，因此牛顿并不相信圣父、圣子和圣灵的三位一体学说。

圣经中的科学

30秒理论

牛顿对神学的兴趣使他对《圣经》进行了详细的研究，他不仅阅读了《圣经》的拉丁文和英文译本，还阅读了希伯来文和希腊文的原文。正如《旧约全书》和其他著作所揭示的那样，他对古代世界的编年史特别着迷。牛顿确信那个时期大家普遍接受的事件时间表是错误的，并编制了自己的替代版本。牛顿的这个想法在1716年引起了意大利哲学家安东尼奥·康蒂的注意，也是这个人向威尔士王妃——勃兰登堡-安巴赫的卡罗琳提到了这个年表。牛顿觉得他编制的年表还没有达到可以公开的水平，他就把年表的一个副本借给了王妃，他认为这本年表只有王妃能阅览。然而，康蒂后来把编年史手稿带到法国，在那里出版了一个未经授权的版本。1725年5月，牛顿在给英国皇家学会哲学学会会刊的最后一封信中，试图与以他的名字在法国出版的年表划清界限。在牛顿死后一年，《古代诸国修订年表》最终出版了，这应该会让他感到欣慰。这是一项伟大的工程，它展示了牛顿的细致研究和他对细节的关注，但遗憾的是，它并没有经受住时间的考验。

3秒钟人物
安东尼奥·康蒂
（ANTONIO CONTI）
1677一1749
意大利哲学家

勃兰登堡-安巴赫的卡罗琳
（CAROLINE OF BRANDENBURG-ANSBACH）
1683一1737
威尔士王妃（1714—1727），国王乔治二世（1727年登基）的妻子

本文作者
布莱恩·克莱格

牛顿对丹尼尔的预言和圣约翰的启示录的观察报告发表于1733年。他计算出基督的第二次降临是在2060年。

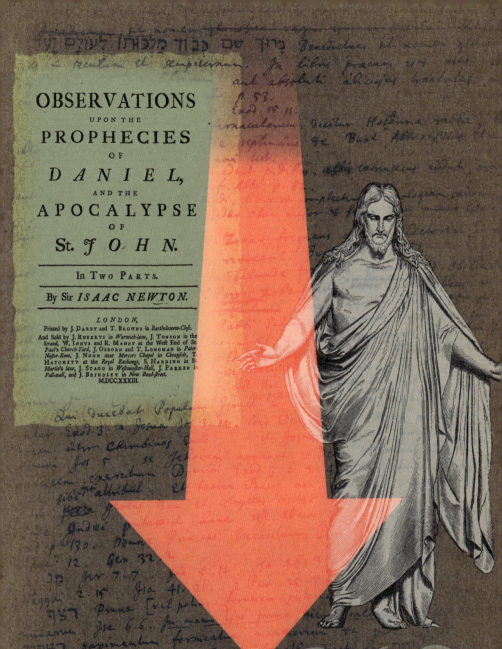

1646年7月1日
出生于德国萨克森自由州的莱比锡城。

1662年
获得莱比锡大学哲学学士学位

1666年
获得阿尔道夫大学法学博士学位

1672年
前往法国巴黎，并在巴黎生活四年

1673年
当选为英国皇家学会会员

1675年
以荣誉会员的身份加入法国科学院

1676年
搬到汉诺威市当顾问

1677年
成为私人法律顾问

1677年
提议建立欧洲国家联盟

1684年
发表"最大值和最小值的新方法"，概述微积分

1700年
帮助建立柏林科学院

1710年
出版他的哲学专著《神义论》

1713年
《英国皇家学会关于优先权的报告》（由牛顿撰写）支持牛顿微积分的优先发明权

1716年11月14日
在汉诺威市逝世

人物传略：戈特弗里德·莱布尼茨

GOTTFRIED LEIBNIZ

牛顿在他的学术生涯中引发过许多争论，其中影响最大的一个可能是他与戈特弗里德·威廉·冯·莱布尼茨（或只是莱布尼茨，他使用高贵的"冯"姓氏，但他是否有权利使用是有争议的）之间旷日持久的关于微积分发明优先权的争论。

1646年，莱布尼茨出生于莱比锡的一个知识分子家庭。他小时候和牛顿一样，对当时普遍依赖古希腊自然哲学的学术氛围产生了质疑。在大学里，他最初学习哲学和法律，但发现自己对数学的兴趣日益增长，而数学也成为了他离开莱比锡后工作的核心。

1672年，莱布尼茨被派往巴黎执行了四年的外交任务，而这使他能够在数学和科学领域获得良好的资源；他在1673年（牛顿进入英国皇家学会之后的第二年）成为英国皇家学会的一员。他还向学会展示了自己设计的一个机械计算器。1676年在巴黎时，他撰写了一篇关于圆、椭圆和双曲线的算术求面积的论文。这篇文章主要描述的是不可分割的极小数，我们现在称之为无穷小，这是微积分的一个基本组成部分。这篇论文展示了莱布尼茨当时的思想，但它并没有影响其他人，因为这篇文章直到1993年才发表。

莱布尼茨进一步发展了这一理论，并且与在伦敦的亨利·奥尔登堡和约翰·柯林斯通信交流，这两个人都对牛顿的观点不完全了解。牛顿给莱布尼茨写了几封信，似乎是想确立他的优先权。不过莱布尼茨在1684年率先发表了他关于微积分的理论，包括我们现在使用的符号，这比牛顿早很多。苏格兰数学家约翰·凯尔在一篇论文中明确指责莱布尼茨剽窃了牛顿的想法，这篇文章的公开发表给莱布尼茨带来了关于剽窃的含蓄指控。

优先权之争缓慢而长久地持续了很多年，这也造成了英国和欧洲大陆的数学家之间耗时100年才缝合的裂痕。莱布尼茨一直研究数学和哲学直至他去世，虽然他在形式逻辑学上取得了重大突破，但没有一个成就能像他的微积分一样有持续的影响力。

布莱恩·克莱格

牛顿图书馆

30秒理论

在图书既昂贵又相对稀少的年代，牛顿积累了一个异常庞大的图书馆藏。他去世后留下了大约2100本书，其中很多图书都呈现曾被翻来翻去、卷来卷去的痕迹，很多牛顿经常翻的书页的角都有标记。直到1920年大半数图书被拍卖掉以前，这个图书馆几乎是完好无损的。在这些图书中，有一些书中详细记录了牛顿是如何得到这些书的，而大约在30本书中，他还写上了当时他获得这些书的价格，从1先令6便士（等于0.075英镑）到7英镑不等。这些书从纯货币价值来看，现在大概值900英镑左右，而在劳动力价值方面，这些书的价值又接近14000英镑。最令人不可思议的是对牛顿对不同内容图书品种的平衡：有109本书涉及物理和天文学，138本书涉及炼金术，126本书涉及数学，477本书涉及神学（客观来说，一些"数学"书籍包含了物理学，包括牛顿自己的《自然哲学的数学原理》）。在众多其他主题中，有46本游记、149本古典文学作品、58本现代文学作品，还有31本经济学书、6本关于奖章的书。虽然这是一个名副其实的图书馆，但也有一些令人意想不到的遗漏，比如缺少伽利略所著关于物理方面的知名书籍《两种新科学》。

3秒钟人物
伽利略·伽利莱
（GALILEO GALILEI）
1564—1642
意大利自然哲学家

约翰·凯德米斯特爵士
（SIR JOHN KEDERMISTER）
不详—1631
兰利马里什教堂凯德米斯特图书馆（Kedermister Library）的赞助人

本文作者
布莱恩·克莱格

1727年，牛顿去世后，他的图书馆以300英镑的价格卖给了位于伦敦的海军监狱的典狱长约翰·哈金斯。

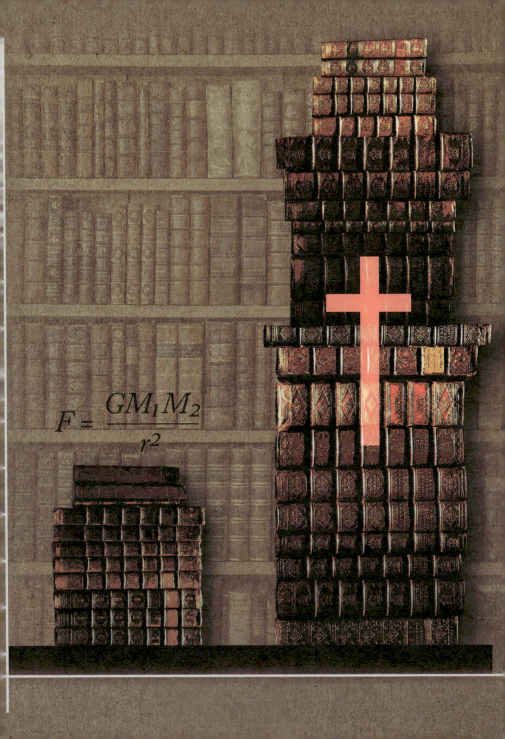

$$F = \frac{GM_1M_2}{r^2}$$

微积分

微积分
术语

加速度 与我们常说的不同，在物理中，加速度意味着任何速度的变化（"减速"只是一个负加速度）。因为速度既包括速率又包括方向，如果物体在保持恒定速率的情况下改变了方向，它仍然处于加速度的状态。从数量上讲，加速度是速度变化率的一种度量。

贝克莱主教的《分析者》 一本由乔治·贝克莱主教编写的简短的书，批评了流数术和微积分方法的基础。这本书有一个引人注目的副标题——一篇针对异教徒数学家的文章。尽管其目的主要是为了纠正牛顿的支持者埃德蒙·哈雷所造成的宗教冒犯，但伯克利提出了一个重要的数学观点，即最开始出现的涉及到将零除以零方程的方法，在数学上应该是不确定的。

奥古斯汀-路易斯·柯西 19世纪的数学家，他通过将牛顿和莱布尼茨的微积分版本中无穷和零的概念替换成无限接近无穷或零的变量，而从来都不会成为无穷或零，来使他们的理论更加强大。

持续流动的运动 牛顿知道他的流数术在处理无限小至零的量时所产生的问题。他试图绕过这一点，用连续流动的运动来回避这个问题，因此他使用了类似流动这个术语。牛顿的尝试是镜花水月；这个问题是真实存在的，而且几百年都无法解决。

微分学 这是莱布尼茨给牛顿所称的流数术所起的名字；这个说法仍然沿用至今。微分学是通过考察一个自变量接近无穷小至零的变化对另一个变量变化的影响，来得到一个值相对于另一个值变化速率的过程。

流数术 牛顿版本的微积分中，值的变化率我们现在称之为微分，而这种微分倒过来的运算，我们现在称之为积分。

流数 在牛顿版本的微分学中（牛顿称之为流数术），流数就是某个物体改变的速率。它用一个所谓的"刺痛的符号"，即 x 字母上加一点（x'）来表示，x' 意味着 x 随着时间变化的速率，用现代的微积分方法来表示为 dx/dt。

无穷小量 特指小到无法测量的数量。微积分的原理是把一个东西分割到越来越小，直到它被分割成无穷小的量。当这些部分小到可以实际上消失时，正确的结果就得到了。

积分 微积分中微分的逆，这个术语一开始被莱布尼茨使用并沿用至今。例如，积分通过把曲线下形状的所有小片的面积相加得到的面积之和，其中，这些小片的面积被分割得越来越小，直到它们的宽度趋于零。

计程仪绳 一种末端有一块木板的绳的打结长度，也叫拖板计程仪（或称计程仪），将其抛到船的后部可以测量船的速度，因此就有了航海的速度单位"节"。

极大极小值点 曲线上分别为最大（极大）值和最小（极小）值的点。

和 在拉丁语中，summa是求和的意思，莱布尼茨使用这个术语作为极限总和的特例，就是说随着曲线下切片厚度的越来越薄，曲线下面所有切片面积的一个集合。他用一个拉长的S来表示求和的意思，我们现在称之为积分符号（∫）。

加速度问题

30秒理论

3秒钟人物

勒内·笛卡尔
（RENE DESCARTES）
1596 — 1650
法国数学家，他用代数学来描述几何学

艾萨克·巴罗
（ISAAC BARROW）
1630 — 1677
英国数学家，在剑桥大学讲授过几何学和光学

本文作者
苏菲·赫布登

从我们早上睁开眼睛看到闹钟的那一刻，直至开车下班或放学的时候，我们一直在使用工具来测量时间和距离。不过在牛顿生活的英国，机械时钟仍然是一种稀罕物，测量速度的单位才刚刚成为主流。"节"这个术语是根据水手使用的一种粗略的技术而来的，这种技术就是把带"绳结"的一根绳子扔到水里，由绳子的长度和时间的比值作为船的速度。这可以用图形来表示：距离作为时间的函数的曲线看起来是一条直线，而这条直线的斜率即是速度。但是，如果速度发生了改变，运动会以曲线的形式表现出来吗？对于当时一个只能够采取速度作为术语而缺乏精确测量工具的社会来说，这是一个困难的领域。牛顿研究并发展了法国数学家笛卡尔绘制的椭圆和曲线的数学，并将其应用到运动中，寻找曲线在任何点的斜率，也就是速度变化的速率或加速度。这个数学方法虽然尚不能够用来解释行星的轨道，但是牛顿的方法却能够精确描述运动。

3秒钟快速浏览
数学缺乏描述运动在变化的速率，也就是加速度方面的功能。牛顿把这个缺陷当作几何问题来处理。

3分钟详细解读
计程仪绳或测速板是第一个测速计：每隔15.24米（50英尺）或8英寻（14.6米或48英尺）打一个结，水手通过沙漏计时器计时，在30秒或28.8秒内计数共有多少个绳结经过他的手。在这段时间内绳节的数量就是以节或海里每小时为单位的航速。

如果速度不是以一个稳定的速率变化的，那么加速度会以曲线的形式表现。

流数

30秒理论

3秒钟快速浏览

1666年到17世纪70年代初，牛顿发展了他的流数术，我们现在称之为微分学，反映了两个无穷小量的变化的比值。

3分钟详细解读

牛顿希望，通过变化量的比率（不可分的 x' 的比率）可以避免无穷小量带来的风险。最终的结果是由"极限变化率"，也就是极小变化的比率产生的，即距离和时间等微小变化按近于零时的比率。

1665年至1667年间，剑桥大学因为瘟疫事件而关闭，牛顿也被迫滞留在伍尔斯索普。期间，他开始思考加速度的性质以及描述加速度的数学方法。不过要说他在当时开发了流数术的方法就有点夸张了。这个流数术就是我们所说的微分，而积分到后来以通量（线积分）的名义才广为人知。牛顿又花了多年时间才建立起完整的流数术方法，直到他去世多年后，他的书《流数术的方法》才于1736年出版，而这些方法在17世纪70年代就已经概略地叙述过了。当基督教主教贝克莱的《分析学家》再次困扰到牛顿时，他意识到处理这些无穷小量的风险。牛顿试图以持续流动的概念为基础来建立他的方法，因此他的术语暗示着流动和变化。他将物体改变的速度称为"流数"，牛顿用 x 上方加一点（x'）代表流数，它和我们现在称为微积分的现代符号 dx/dt 是一样的，表示 x 随时间 t 变化的速率。

相关主题

加速度问题　64页
两种符号　68页

3秒钟人物

乔治·贝克莱
（GEORGE BERKELEY）
1685—1753
英裔爱尔兰人、哲学家、基督教主教

本文作者

布莱恩·克莱格

牛顿考虑到如溪水般永不停歇的流动，设计出了"刺记法"来表示变化的比率。

两种符号

30秒理论

3秒钟快速浏览

牛顿和莱布尼茨都发明了用来表示微积分的函数的符号,不过莱布尼茨发明的符号更实用,而牛顿发明的符号则逐渐被淘汰。

3分钟详细解读

莱布尼茨符号的另一个好处是使用灵活的符号 ∫ 来表示他所说的积分,也就是用来计算变化量的微分的逆。积分,用来处理把无限小的形状或数字组合起来的情况,比如,曲线下的面积,用这个拉长的 S 表示求和的符号。而牛顿把这个过程称为积分通量的方法,在数值上加一个垂直的杠表示求积分。

毫无疑问,牛顿确实独立于莱布尼茨的微积分发展出了他的流数术,并且这个方法在英国被广泛应用了100年。但莱布尼茨开发他的版本时,使用了完全不同的符号,并将他的方法称为"微积分"。我们现在保留莱布尼茨的符号是有原因的,因为它确实更好用。

牛顿在开发出他的符号后,意识到在处理个体无限小量时随之而来的危险,因此他使用表示 x 的变化率,即 x 上方一点的符号(牛顿称之为"针刺符号"),进而促使他的流数术始终是比率。两个点的符号用来表示我们现在所称的二阶导数,也就是变化率的变化率。在莱布尼茨的表示法中,一阶导数和二阶导数分别是 dx/dt 和 d^2x/dt^2,明确地引入了 x 数值和时间数值的无穷小变化。这个表示法后来很容易扩展到 dx/dy 用来处理 x 随着 y 的变化,然而牛顿却必须用 x' 除以 y' 的比值来有效地表示比率的比率(二阶导数)。

相关主题

加速度问题　64页
流数　66页
重大的优先权之争 74页

3秒钟人物

戈特弗里德·莱布尼茨
(GOTTFRIED LEIBNIZ)
1646—1716
德国数学家,牛顿最伟大的对手之一

本文作者

布莱恩·克莱格

莱布尼茨和牛顿之间的交流很少,但他们似乎独立地开发了各自的微积分。不过牛顿认为他被剽窃了。

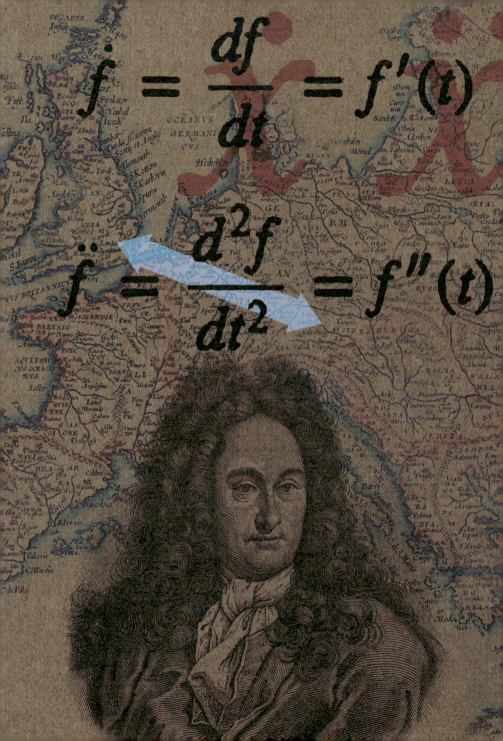

1685年3月12日
出生于爱尔兰的迪斯特城堡

1707年
获得位于都柏林的三一学院的硕士学位

1707年
发表数学方面的研究文章《算术》和《数学计算杂记》

1709年
发表《视觉新论》

1710年
发表《人类知识原理》

1721年
被邀请进入爱尔兰神学教会

1722年
成为爱尔兰德罗摩尔市的主持牧师

1724年
成为爱尔兰德利市的主持牧师

1725年
百慕大学院开展项目的工作

1728年
与安妮·福斯特结婚

1729年
去罗德岛州旅行

1732年
回到伦敦

18世纪30年代
参与儿童之家的建立,并且是最初的管理者之一

1734年
被任命为克洛因的执行主教

1734年
发表《分析师》

1752年
退休后搬到儿子居住的地方——牛津

1753年1月14日
在牛津逝世

人物传略：乔治·贝克莱

GEORGE BERKELEY

乔治·贝克莱主教出名的原因可能是他对"如果一棵树被藏在某个森林的中央，是否有人知道它是不是真的存在"的评估。他指出，既然上帝无处不在而且无事不晓，那么一定有人可以知道，所以树肯定是存在的。不过，在牛顿的说法里，贝克莱出名主要是因为发表了对流数术和微积分进行激烈抨击的文章。

贝克莱出生在爱尔兰托马斯镇外的迪斯特城堡，他的父亲是一位乡绅。贝克莱的一家人是新移民，1660年英国恢复君主制后，由于政治原因离开了英国。他在都柏林的三一学院接受教育，并被任命为爱尔兰圣公会的教徒。然而，他并不是一个乏味的世俗牧师。在他被任命之前，他已经在哲学界确立了（有争议）地位，并发表了一些关于视觉的独到见解，反映了他对物质本质的看法。

贝克莱去了罗德岛州的纽波特，在那里他花了三年的时间参与一个在百慕大建造一所大学的项目。尽管这个项目最终失败了，但给他带来了较高的社会地位。他的故事被女王所知，这也使他得到了一个意想不到的主教的任命。女王曾提议让贝克莱担任爱尔兰唐郡主任牧师这一富有的职位。但是，有人认为，爱尔兰总督会被这种来自上层的影响被触怒，因此女王的提议就被忽略了。贝克莱在传记中写道，女王回应说，如果他们不让贝克莱"在爱尔兰当主任牧师，他就应该当主教"（这很奇怪，因为他已经有了一个不同的主教职位）。就这样，贝克莱被转而任命为克洛因的主教。

贝克莱进入关于微积分的争论是从他当克洛因主教开始的。他个人不喜欢埃德蒙·哈雷，并通过写《分析学家：一篇写给异教徒数学家的文章》严厉批评了牛顿的流数术，作为哈雷对牛顿工作的推崇的回应。尽管被无神论者哈雷挑衅，但是贝克莱作为一位理性的数学家，对早期微积分处理无穷小时"漫不经心"的方式提出了真实的抱怨。虽然贝克莱在哲学领域几乎没有什么长期的影响，但毫无疑问，他对微积分的评论对接下来几十年的数学发展产生了影响。

布莱恩·克莱格

牛顿的秘密声明

30秒理论

3秒钟快速浏览

牛顿推迟了几十年才出版他的流数术著作，十年后才将他的发现在与德国数学家戈特弗里德·莱布尼茨的通信中提及，并将其发现隐藏在密码中。

3分钟详细解读

在17世纪，科学方面的声誉不仅是靠在科学期刊上发表论文获得的，更重要的是能否获得皇室的资助。在今天看来，牛顿的行为或许很奇怪，不过在当时，通过用代码，或者像案例中那样，在一个句子中频繁使用字母来向别人隐瞒一个知识是很正常的。

17世纪60年代中期牛顿发展了他的流数术（微积分），但数十年间他都没有明确披露这一发现。戈特弗里德·莱布尼茨在巴黎师从克里斯蒂安·惠更斯学习，他于1673年访问了伦敦两个月。在英国皇家学会，莱布尼茨结识了牛顿的一些密友，包括亨利·奥尔登堡，后来他也一直保持着与他们的通信。惠更斯虽没有见过当时还未曾公开发表过文章的牛顿，不过他对牛顿有了一种印象，牛顿是一个在将数字序列相加的数学技术方面的专家。1675年，莱布尼茨发展了他自己的微分学。1676年6月，奥尔登堡转交给莱布尼茨一封来自牛顿的信，信里描述了牛顿的系列著作，不过信中并没有提到流数术（微积分）。莱布尼茨立即通过奥尔登堡回信给牛顿，要求牛顿澄清并描述了他自己的系列作品。1676年10月，牛顿回应道，他发明了一种绘制曲线切线和找到曲线最大值点和最小值点的通用方法，但他并不愿意透露细节。他在信中写了一串"密码"，来代替他的真实意思，并实现了隐藏他的流数术（微积分）的目的。在牛顿的笔记里，他将信中密码所表达的真实意思记录了下来。

本文作者

苏菲·赫布登

牛顿在笔记里记录了他关于流数术（微积分）的秘密声明的真正含义。

accdae10effhIIi4l3m9n6oqqr8sIIt9v3x:

ab3cddIoeaegIoiIIrm7n6o3p3q6r 5sIIt8vx

acac4egh5i4I4m5n8oq4r3s6t4

aaddaeeeeeiijmmnnooprrsssssttuu."

重大的优先权之争

30秒理论

3秒钟快速浏览

今天我们把微积分的发明归功于牛顿和莱布尼茨，但他们都不承认对方是独立发明的；相反，双方都互相指责对方剽窃。

3分钟详细解读

牛顿早期的职业生涯的秘密就藏在这次争论的背后——假如他一开始就把他的流数术（微积分）公之于众让整个社会使用的话，这场争论就不会发生了。然而，他却故意把方法保留在他自己手里。例如，他在《自然科学的哲学原理》一书中，他将使用的流数术的最初形式转换为一个非常不明显的主要依赖于几何的方法。但是，一旦莱布尼茨的微积分发表出来后，他就没有回旋的余地了。

1684年和1686年之间，莱布尼茨发表了他的第一篇关于微积分的论文，在文章中并没有提到牛顿在使用级数方面的方法。当牛顿最终在1704年发表了两篇展示他的流数术的数学论文时，莱布尼茨宣称他的发现具有优先权。牛顿使用的方法和莱布尼茨的微分学实际上是一样的，只是符号不同而已，这引发了科学史上最激烈的优先权争议之一。牛顿对莱布尼茨有诸多不满，但最值得注意的是，1672年牛顿给英国皇家学会的约翰·柯林斯写了一封信。他在信中对流数术进行了全面的描述，这封信在莱布尼茨于1676年访问伦敦时曾被展示过给他。然而当时莱布尼茨已经独立发明了微积分，分析表明他对信中的其他细节更感兴趣。随着微积分的重要性逐渐显现，越来越多的人加入了这场争论。英国皇家学会发起了一项调查，但它完全不是中立的，因为牛顿本人秘密撰写并审阅了这份调查报告。莱布尼茨于1716年去世，当时争论的事情还没得到任何解决。这场争论持续了很多年，影响了英国数学的发展进程。在英国，对牛顿符号的忠诚是一种民族自豪感体现。

相关主题

流数　66页
两种符号　68页
一篇写给异教徒数学家的文章　76页

3秒钟人物

约翰·柯林斯
（JOHN COLLINS）
1625—1683
英国数学家和英国皇家学会成员

戈特弗里德·莱布尼茨
（GOTTFRIED LEIBNIZ）
1646—1716
德国数学家和哲学家，柏林科学院成员

本文作者

苏菲·赫布登

虽然牛顿在当时赢得了与莱布尼茨的优先权之争，但不幸的是，两位科学家的优先权之争也阻碍了数学的发展进程。

一篇写给异教徒数学家的文章

30秒理论

3秒钟快速浏览

贝克莱主教认为，"流数"是有缺陷的，因为它们涉及到对不存在的值进行算术运算，包括除法运算。

3分钟详细解读

来自贝克莱的攻击不仅仅是宗教诽谤。尽管流数术可以得出正确的答案，但其工作方式却令人生疑。当这些"已死量的幽灵"（因为无穷小量在牛顿的理论中一会儿是零，一会儿又不是零。因此，贝克莱嘲笑无穷小量是"已死量的幽灵"）被设为零时，得到的结果是一个o除以o的等式。这是一个数学灾难。一个上面为o的分数为o，底部为o的分数为无穷大。o除以o，结果是不可能确定的。

哲学家乔治·贝克莱主教写了一本名为《分析学家：一篇写给异教徒数学家的文章》的小册子，在其中他抨击了牛顿的流数术（莱布尼茨的微积分）的基础。这个异教徒可能指的就是英国皇家天文学家埃德蒙·哈雷，多年来他一直是牛顿最坚定的支持者之一。与当时时代背景不符的是，哈雷是一个无神论者，而且他还曾经劝说贝克莱的一位朋友在临终前放弃自己的信仰。为了报复哈雷，贝克莱拆解了流数术的核心，这也是哈雷门徒的杰作的中心思想。贝克莱指出，流数术涉及到不可思议的无穷小量，这些无穷小量仍然可以在数学中使用，但被认为已经小到被设为零。贝克莱讽刺地用一个简洁的短语"已死量的幽灵"来形容这些无穷小量。这看起来似乎没有任何意义，但它确实起了作用。所有使用流数术的人所能做的就是相信它。贝克莱既批评了这种做法，也批评了哈雷对宗教信仰依赖的攻击，认为这是极其虚伪的行为。

相关主题

流数　66页
重大的优先权之争　74页
修复微积分　78页

3秒钟人物

埃德蒙·哈雷
（EDMUND HALLEY）
1656—1742
英国天文学家，皇家第二天文学家

乔治·贝克莱
（GEORGE BERKELEY）
1685—1753
英裔爱尔兰哲学家、主教，他挑战了流数术和微积分的基础

本文作者

布莱恩·克莱格

在贝克莱看来，信仰是微积分的基础，就像他作为基督徒的宗教信仰一样。

修复微积分

30秒理论

本文作者

布莱恩·克莱格

3秒钟快速浏览

微积分在数学上是有
缺陷的，因为它允许
无穷小量变为零。即
使如此，它在处理数
学问题上仍然是有效
的。后来数学家们通
过不要求达到零的方
法来挽救这个缺陷。

3分钟详细解读

虽然柯西的方法足以
满足实际需要，但是
在19世纪50年代卡
尔·魏尔施特拉斯通
过引入极限的概念在
数学上改进了这个方
法。实际上魏尔施
特拉斯采用了"如果
让结果接近极限的速
度超过所需最小值的
速度，就产生结果是
朝着极限的方向去的
可能"的假设，将无
穷大从微积分中提取
出来。

牛顿试图用比率来隐藏危险的数学运
算，比如除以无穷小量。但他的流数术在
数学上并不安全，因为它允许那些无穷小
量变成零，从而结果会出现像0除以0这
样的运算。乔治·贝克莱强调这一点其实
是正确的。牛顿似乎也没有过度担心，因
为这种方法产生了正确的结果，这使他能
够从事力学和重力方面的研究。但是后来
的数学家们意识到这是一种无法回避的缺
陷。而牛顿的另一种修补方法又为数学家
们指明了方向。与他的流数术不同的是，
他没有让压扁的字母o代表的数变成零，而
只是要求它"趋于零"。所以当从2x + 0
开始时，他不会将o设为0来得到2x，而是
说"结果是就像o趋于0一样地趋于2x"。
19世纪20年代，奥古斯汀-路易斯·柯西正
式使用了牛顿的"花招"，他提议无穷大
和无穷小的量都是可变的，它们不是一个
固定的数字，而是一个标签，用来表示一
个接近无穷大或零但从来不会真正达到的
变量。

你不能解决0/0的问
题。牛顿和他的接班人定
义了趋于无穷大或无穷
小——非常大或非常小但
又从来不会达到的变量。

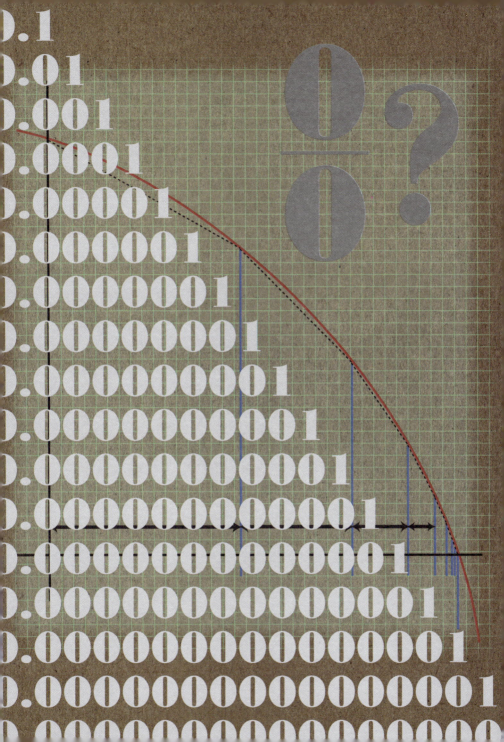

运动物理学

运动物理学
术语

绝对运动 假设存在一个确定的位置，与之相比，所有的运动都能被量度。最初，这个确定的位置就是指地球，但是伽利略明确表示根本没有这样特殊的位置（爱因斯坦将利用这一点做更多的事情）。

离心力 虽然有向心力的作用，但是当车辆转弯的时候，车上的人仍旧能感到明显的向外的力。这只是试图让乘客保持直线运动的惯性，这种明显向外的力叫做离心力。

向心力 根据牛顿所定义的概念，向心力建立在他的第一运动定律基础之上。牛顿第一运动定律指出，除非被施加一种外力，否则移动的物体将一直沿着直线运动。例如，当一颗行星围绕一颗恒星运行时，一定会有一种将行星拉出直线轨道并且拉向恒星的力量。这个向着运动中心的力就是向心力。

引力质量 指量度一种物质吸引其它物质的物理量。引力质量越大，一个物体吸引另一个物体的力就越大。引力质量似乎与惯性质量相同。

惯性质量 指量度物质难以改变其本身运动状态的物理量。物体的惯性质量越大，在它由静止到开始运动或在运动过程中减慢速度所需要的力就越大。惯性质量似乎和引力质量相同。

惯性定律 牛顿第一运动定律的另一个名字。

牛顿第一运动定律 也叫惯性定律。牛顿第一运动定律表示，除非有一个外力作用于物体，否则物体将始终保持静止或匀速直线运动（即匀速运动）。

牛顿第二运动定律　最初的形式是，物体运动状态的改变与作用于物体的力的大小和作用力所指的方向成比例关系。现在简单表示为$F=ma$，在这个公示里F是物体受力的大小，m是物体的质量，a是该受力方向所产生的加速度，也就是物体速度的变化速率。

牛顿第三运动定律　通常是这样表述的："每一个作用力都有一个大小相等、方向相反的反作用力。"也就是说，如果你推动某个物体，就能感到它也在推你，就像打枪或者发射火箭时产生的后坐力，火箭后部的燃料燃烧产生的力会在火箭上产生相反的力。

《自然哲学的数学原理》（Principia）
　　牛顿的杰作，该著作中表述了牛顿的三大运动定律和万有引力定律，阐述导致苹果掉落和行星围绕太阳运动都是由于一个同样的原理。这本书用拉丁文撰写，于1687年出版，由于牛顿想把读者限定在经验丰富的自然哲学家的范围内，所以这本书被刻意写得不那么容易被读懂。

相对运动　伽利略提出了相对的概念，他认为绝对运动是没有意义的，而重要的是相对运动。相对运动是相对于所选观察者的速度。例如，我在一架正在飞行的飞机上，相对于地面来说，我可能会有每小时700公里的相对速度，但是相对于其他乘客来说，我的速度却是零。

重量　我们习惯于用重量来衡量某物中有多少物质，但科学的衡量方法应该是质量。因为重量指的是由重力给质量的力。在地球表面，重量和质量是一样的；然而，在太空中，质量保持不变，但物体是没有重量的。所以两者又不一样。

质量与重量

30秒理论

在牛顿的经典著作《自然哲学的数学原理》的开篇中，他就给出了一些定义，其中有一部分是新概念，也有一些是已有的概念。此举使这些概念变得更加清晰。第一个定义是"物质的量"，牛顿给它取了一个新名字叫做"质量"。他明确表示，这与物体的重量有关，"通过对钟摆进行的非常精确的实验，我发现质量与重量是成比例的。"牛顿花了一些时间慢慢地向这个概念靠拢，在早期的草稿中提到"除了考虑重力之外，被移动物体的物质的量也应考虑在内"。因此，质量是物质的一个基本特征，而重量是一个质量与另一个质量因为万有引力相互作用的结果。漂浮在太空中的物体有质量，但是没有重量。有人认为伽利略不可能达到牛顿的成就，因为他只研究过重量的概念。在现代相对论物理学中，牛顿所观察到的质量与重量成比例的现象，等价于惯性质量（牛顿运动定律中的性质）与重力质量（万有引力定律中的性质）成比例的现象。

3秒钟人物

伽利略·伽利莱
（GALILEO GALILEI）
1564—1642
意大利自然哲学家，他在解释力学和运动方面取得了重大进展

让·里歇尔
（JEAN RICHER）
1630—1696
法国天文学家，他用钟摆做了实验

埃德蒙·哈雷
（EDMUND HALLEY）
1656—1742
英国天文学家，他在圣赫勒拿岛进行过观测

本文作者

布莱恩·克莱格

太空中的宇航员是有质量的，但是无重量（处于失重状态），而在地球上由于重力的影响，宇航员有重量。

第一运动定律

30秒理论

3秒钟快速浏览

如果没有作用在物体上的外力,物体就会一直以恒定的速度运动,或者在静止的状态下一直保持静止。

3分钟详细解读

牛顿第一运动定律的关键在于作用于物体上的合力或总力。如果作用在物体上的力(包括由于重力引起的力)是平衡的,那么物体就会以恒定的速度运动,而静止的物体则会保持静止状态。为了解释行星的轨道运动,牛顿首先要定义力是如何由于惯性而影响物体的运动的。

牛顿在《自然哲学的数学原理》一书中定义了质量后,又阐述了他的"公理",或者叫"运动定律"。他的第一运动定律通常被称为惯性定律,是这样定义的:"每一个物体都会保持静止或匀速直线运动的状态,除非施加在其上面的外力强迫改变它的状态。"很明显,静止的物体是保持静止,除非有合力作用于它们。但是反过来的话也是正确的:如果一个物体以恒定的速度运动,它将保持匀速直线运动,除非有外力作用于它。对于移动的物体,这条定律就不那么直观了,因为我们习惯于用摩擦力(一种可以让物体运动减慢和停止的力)来解释。但在某些情况下,你可以忽略大部分的摩擦。想象一下冰球是如何在空气曲棍球台上运动的。冰球会一直以恒定的速度运动,直到它从桌边弹回来;如果没有任何摩擦,它就会一直运动下去。通过这一点,牛顿认识到:在没有空气阻力的太空中,行星和彗星"会很长时间地一直持续他们的运动"。

相关主题

质量与重量　84页
惯性　94页

3秒钟人物

勒内·笛卡尔
(RENE DESCARTES)
1596—1650
法国哲学家,他定义了自己关于运动的三条定律

埃德蒙·哈雷
(EDMUND HALLEY)
1656—1742
英国天文学家,他首次出版了首批60本《自然哲学的数学原理》一书的复制本。

本文作者

苏菲·赫布登

如果摩擦力减小,物体的运动就会持续很长一段时间;如果根本没有摩擦力,那么物体的运动将不会停止。

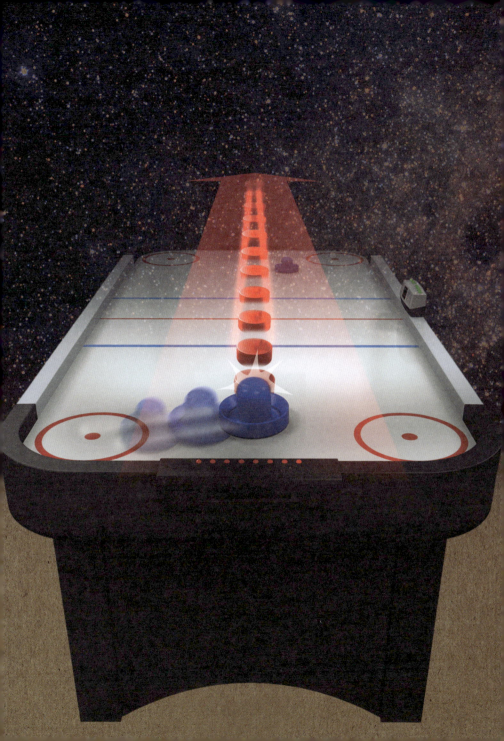

第二运动定律

30秒理论

尽管牛顿第二运动定律在提到重力时被巧妙地隐藏了起来，但实际上它仍然存在于任何正在加速的物体中。在定律最初的形式中，它告诉我们"运动的变化与所受的作用力成比例关系，并且沿着所受力方向的直线发生。"在陈述定律之前，牛顿做出了许多定义，不过在他心目中动量的定义为"来自于速度和物质的共同量"，这就是我们现在所说的动量，由质量乘以速度组成。牛顿说动量的变化与物体所受外力的变化成正比，所以"如果某个力产生任何运动，两倍的力就会产生两倍的动量"。牛顿想到的是一种"冲力"，就像把某物踢了一脚一样，而不是一种持续发作的作用力。牛顿在其他地方明确表示过，可以用更明确的方式来表述牛顿第二运动定律，即力=质量×加速度。

相关主题

第一运动定律　86页
第三运动定律　90页
惯性　94页

3秒钟人物

伽利略·伽利莱
（GALILEO GALILEI）
1564—1642
意大利自然哲学家，最早提出现代科学观点的人之一

罗伯特·胡克
（ROBERT HOOKE）
1635—1703
牛顿的长期反对者

本文作者

布莱恩·克莱格

据说伽利略从意大利的比萨斜塔上扔下了一个重的铁球和一个轻的铁球，最终这两个铁球却同时落地。

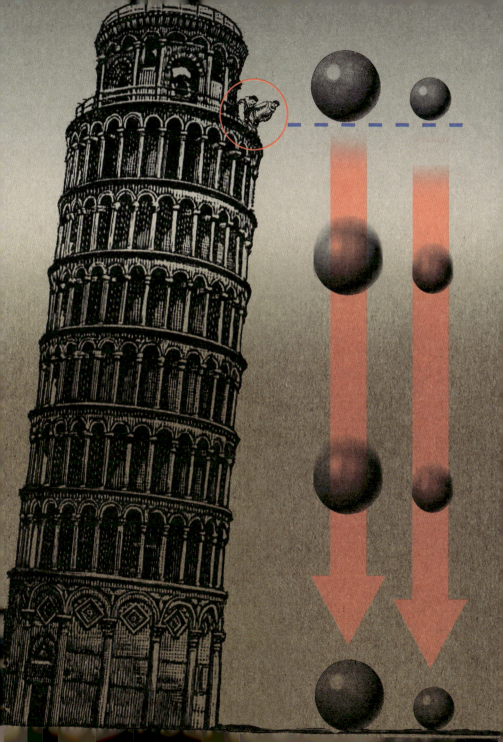

第三运动定律

30秒理论

牛顿的第三运动定律可能是最容易被误解的。通常所说的"每一个力都有一个大小相等、方向相反的反作用力",似乎意味着所有的力都发生在同一个物体上,因为所有的力都会被抵消掉,所以物体本身没有什么改变。牛顿自己在《自然哲学的数学原理》中的表述是完全不同的。他说,"对于任何作用力都有一个方向相反、大小相等的反作用力;换句话说,两个物体对对方的作用力总是大小相等、方向相反。"牛顿接着举例说:"如果有人用一根手指按压石头,石头也会按压这根手指。如果一匹马拉着一块拴在绳子上的石头,那么这匹马也会(可以这么说)同样被拉向石头,因为绳子两端的力,会促使马向石头靠近,而石头也会向马靠近……它会阻碍一方的前进,同样也会促进另一方的前进。"这是牛顿对构造任何机械相关东西的基本理解,也是他认为的唯一一条不归功于伽利略的"公理或运动定律"。

3秒钟快速浏览

牛顿的第三运动定律告诉我们,当一个物体作用于另一个物体时,它会受到另一个物体施加的大小相等、方向相反的反作用力。

3分钟详细解读

当罗伯特·戈达德于1920年提出火箭可以到达月球时,《纽约时报》嘲笑他说:"就是那位戈达德教授……他不知道作用力与反作用力之间的关系,也不知道必须有一些比真空更适合的事物用来进行反作用,只能说把火箭送上月球的想法是很荒谬的。当然,这一切好像是因为在高中每天都旷课而缺乏相应的物理知识。"《纽约时报》并没有忽略掉的关键点应该是作用力在废气上而反作用力是在火箭上。

相关主题

第一运动定律　86页
第二运动定律　88页
神秘的吸引力　112页

3秒钟人物

伽利略·伽利莱
(GALILEO GALILEI)
1564—1642
意大利自然哲学家,他对物体的运动进行了详细的实验研究

罗伯特·戈达德
(ROBERT GODDARD)
1882—1945
美国工程师和火箭制造的先驱

本文作者

布莱恩·克莱格

火箭向前推进时,废气向后排放;发射出去的炮弹向前,大炮本身后退。

1656年11月8日
出生于伦敦附近的哈格斯顿

1673年
作为本科生进入牛津大学王后学院学习

1676年
前往南大西洋的圣赫勒拿岛进行天文观测

1678年
他的《南天星表》出版，同时从牛津大学毕业

1682年
观察到后来以他的名字命名的彗星，并与牛顿在这方面达成了一致

1684年
拜访牛顿，并说服牛顿写作《自然哲学的数学原理》

1686年
成为英国皇家学会的书记员

1687年
牛顿的《自然哲学的数学原理》由哈雷出资出版

1691年
发明了潜水钟，并自己进行了测试

1698年
被授予海军帕拉摩尔舰的司令官；该舰用于科学研究

1704年
成为牛津大学的萨维尔几何学教授

1705年
发表《彗星天文学论说》

1710年
被任命为格林威治天文台的皇家天文学家

1742年1月14日
于英国格林威治逝世

人物传略：埃德蒙·哈雷

EDMUND HALLEY

如果不是埃德蒙·哈雷，牛顿的《自然哲学的数学原理》可能永远也无法面世。哈雷说服牛顿撰写了这本著作，并由哈雷出资出版。

哈雷从小就对天文学着迷。在他17岁生日之前，他就带着一个7.3米（24英尺）长的望远镜到牛津大学开始了他的学业，而这架望远镜比许多专业天文学家的望远镜还要长。三年后，他搭乘一艘船前往圣赫勒拿岛。在那个地方，他花了一年的时间首次对南半球的夜空进行了系统的观测。1678年11月，他出版了《南天星表》，获得了极大好评；一个月之后，这个周游世界的学生才获得了姗姗来迟的学位！

哈雷与牛顿的第一次接触是在1682年，当时他们就彗星问题（一颗注定会在哈雷后来的职业生涯中扮演重要角色的彗星）达成了一致。两年后，为了理解行星运行轨道背后的物理学原理，哈雷说服牛顿开始写《自然哲学的数学原理》。就在牛顿写作的时候，哈雷被任命为英国皇家学会的书记员，由此让他看到了这本书从筹备到写作完成的全过程。这也使得哈雷下定决心，不顾一切困难甚至不惜自己掏腰包让这本书面世。

在哈雷去圣赫勒拿岛的旅途中，他开始对海洋产生了浓厚的兴趣，这项兴趣也成为他17世纪90年代的研究工作的重点。例如，他发明了一个可以让他在海底工作长达两个小时的潜水钟。后来，他被授予皇家海军帕拉摩尔舰的司令官，这艘船通过两次的长途航行收集了地磁和气象数据。直到18世纪的头10年，他才最终安定下来，找到了一份文书工作，先是在牛津大学当教授，后来在格林威治天文台担任皇家天文学家。在第一届任期内，哈雷完成了他最著名的作品—《彗星天文学论说》。在这本书中，他预言1682年出现的彗星将在1758年回归。当然，哈雷的预言成真了，尽管他没能活着看到。

埃德蒙·哈雷于1742年逝世。

安德鲁·梅

惯性

30秒理论

在日常生活中，那些保持移动的和没有被推的物体最终都停了下来。古希腊人认为这是现实的本质。要使物体保持运动的状态，需要在物体上施加外力，因为万物都有一种走向静止的自然倾向。如果它够重的话，那么它会尽可能地靠近宇宙的中心，如果它够轻的话，那么它会尽可能地远离宇宙中心。不过，在我们的世界里，我们几乎看不到任何没有摩擦的运动。牛顿能够透过表面看到本质，明白了运动的物体具有惯性——除非有一种不同的外力作用于物体上，否则物体有一种保持匀速直线运动的趋势。因此，跟质量这个定义一样，牛顿在《自然哲学的数学原理》的开头也定义了另一个新概念，那就是惯性。他把这称为"物质的内在力量"，它"是一种抵抗的力量，通过这种力量，每一个物体都有能力保持它的状态，要么保持静止，要么保持匀速直线前进"。

3秒钟快速浏览

牛顿提出了惯性的概念。惯性是指静止或运动的物体将保持现有状态，除非有一个外力作用于它来改变这种状态。

3分钟详细解读

"惯性"这个词并不新鲜。开普勒曾使用过它，但牛顿是第一个在现代意义上应用它的人。牛顿将惯性的定义由物体的状态最终会停止的自然趋势，改变为除非有外力作用否则物体会一直保持原有状态的自然趋势。他还使用了内在力量这一术语，贺瑞斯也曾使用同样的概念，说这是一种内在的或固有的力量。

相关主题

质量与重量　84页
第一运动定律　86页
向心力　96页

3秒钟人物

贺瑞斯
（HORACE）
前65 — 前8
著名的古罗马抒情诗人，他和其他古典诗人一样对自然哲学感兴趣

约翰尼斯·开普勒
（JOHANNES KEPLER）
1571 — 1630
德国天文学家和数学家

本文作者

布莱恩·克莱格

惯性：如果没有外力的作用，航天飞机将永远保持直线运动。

向心力

30秒理论

向心力是牛顿在《自然哲学的数学原理》一开始引入的一个物理学概念。他解释道，向心力是一种类似于引力或磁力的力，物体从其本身自然的直线运动状态被拉向吸引它的另一个物体的中心。牛顿举了一个例子：一个在吊索中旋转的石头，必须有一种通过吊索传导的力量，来对抗石头离开那只手所做出的"努力"，并将石头拉向手的方向，这样才让石头保持了它的运动轨道。这是牛顿所承认的向罗伯特·胡克学习的为数不多的实例之一。在1679年前后的一系列信件中，胡克向牛顿提出，在轨道上的物体可以被认为是在直线运动的同时向轨道中心产生加速度的结果。牛顿回复说他"从未听说过这个假设"。这似乎促使牛顿关于向心力的理解，从笛卡尔所支持的离心力转变成胡克所支持的向内的向心力可以产生加速度的说法。

3秒钟人物
勒内·笛卡尔
（RENE DESCARTES）
1596—1650
法国自然哲学家，他关于力和光的观点与牛顿的相反

罗伯特·胡克
（ROBERT HOOKE）
1635—1703
英国自然哲学家和建筑师

本文作者
布莱恩·克莱格

地球既有持续保持直线运动的自身状态，又有向太阳方向的加速度；二者相互抵消形成了它的轨道。

旋转桶

30秒理论

3秒钟快速浏览

旋转桶内的水面是平面还是曲面取决于水的绝对运动，而不是相对运动。

3分钟详细解读

从科学的角度看，关于旋转桶的论点是有说服力的，不过还是有许多哲学家对它所隐含的"绝对空间"概念感到不安。1883年，奥地利哲学家恩斯特·马赫从水的相对运动，也就是相对于整个宇宙的运动，而不是相对于水桶运动的角度，对这个实验提出了另一种解释。这一个至今仍有争议的观点被称为马赫原理。

与牛顿同时代的许多人，包括莱布尼茨，都认为所有的运动都是相对的：如果两个物体有不同的运动，那么它们中的任何一个都可以被认为是静止的。牛顿不同意这个观点，他认为这只适用于匀速直线运动的情况。非匀速运动的情况只有在外力作用于物体上时才会发生，这意味着它必须用绝对而不是相对的术语来定义。为了说明这一点，牛顿描述了一项让一桶水挂在绳子上的实验。当水桶是静止的，没有力量作用在水面上时，水的表面保持平静。如果绳子被多次扭曲后再松开，木桶就开始旋转。首先，在桶的运动与水连通之前，后者的表面保持平坦，这表明仍然没有外力作用于它。然而，一旦水开始旋转，水面的边缘就会上升，中心就会下降。但是，水的运动相对于桶来说和它们静止时的状态是一样的。牛顿由此得出结论，水面形成曲面只能在绝对意义上归因于运动。

相关主题

第一运动定律　86页
惯性　94页
向心力　96页

3秒钟人物

戈特弗里德·莱布尼茨
（GOTTFRIED LEIBNIZ）
1646—1716
德国哲学家，他认为物理现象是相对的而不是绝对的

恩斯特·马赫
（ERNST MACH）
1838—1916
奥地利物理学家和哲学家，明确地表述了马赫原理

本文作者

安德鲁·梅

当水和桶都在旋转时，它们之间没有相对运动吗？牛顿是这样认为的，但恩斯特·马赫对此有不同的看法。

重力

重力
术语

超距作用　通常，为了在一定距离内发生某种事情，我们希望某种东西从A点传播到B点，无论是在围栏上敲下的岩石，还是在空气中通过传播产生听觉的声波，都发生了距离。但牛顿说，重力中没有这种联系：这是一种在一定距离上的动作，没有任何东西从A点传递到B点。

亚里士多德的四元素学说　虽然万物均由四种元素组成的观点可能是由早期哲学家恩培多克勒斯提出的，但是正因为古希腊哲学家亚里士多德的巨大影响，这个观点才被广泛接受。这四种元素分别是土、气、火和水。在这个理论中，土和水有重力，而且有一种朝向宇宙中心的趋势；而其他两种元素则恰恰相反，它们能够不受重力影响呈现漂浮的状态。

波义耳定律　波义耳定律，也被称为马里奥特定律，以罗伯特·波义耳命名。该定律指出气体的压力与体积成反比，体积越大，压力越小，反之亦然。

椭圆　椭圆的形状可以由此得到：一个线圈绕两个固定的大头针运动产生的轨迹。两个固定的点叫做焦点。圆是椭圆的两个焦点位于同一点的一种特殊情况。因为太阳吸引行星，而行星也会吸引太阳，所以会产生一个椭圆形的轨道，而不是一个圆形的轨道。开普勒的行星运动定律中提出行星围绕恒星沿椭圆形的轨道运动。

平方反比定律　从技术上讲，任何一种力会按照与距离源的远近的平方呈反比（例如，电磁产生的力），这个定律被称为平方反比定律。不过，这个定律最著名的应用是牛顿的万有引力。万有引力是指两个物体之间的引力，它与物体之间距离的平方成反比。

约翰尼斯·开普勒　开普勒和伽利略是同时代的人，他的行星运动定律来自于观察。牛顿通过他的万有引力定律可以为开普勒的行星运动定律提供数学方面的支持。

轻浮 尽管现在从不严谨的意义上说，轻浮意味着轻的东西。但轻浮曾指重力的对立面，它是指轻元素远离宇宙中心的趋势。

神秘学 在这里的用法中，"神秘学"的意思是指隐藏的、感官无法触及得到的。

抛物线 一种对称的曲线，像一个张开的字母U，它近似于彗星围绕太阳的轨道，是抛射体的典型路径。抛物线是由稳定的向前运动和成直角的加速度结合形成的。

《自然哲学的数学原理》（Principia） 牛顿的杰作，该著作中表述了牛顿的三大运动定律和万有引力定律，阐述导致苹果掉落和行星围绕太阳运动都是由于同样的原理。这本书于1687年用拉丁文出版，由于牛顿想把读者的范围限定在经验丰富的自然哲学家内，所以这本书被刻意设计得不那么容易读懂。

纯粹的吸引力 牛顿时代对引力的解释，要么假设一种物质（以太）充满了空间，而这种物质的运动产生了一种吸力；要么就是一个物体保护另一个物体，使其免受排斥力的影响，通过减少排斥力，而产生的相反方向的力。牛顿抛弃了这些假设，把引力简单地表示为两个物体之间不需要任何媒介物的引力。这种"超距作用"被认为是"神秘的"。

漩涡 漩涡是笛卡尔重力模型的核心。他假设所有的空间都充满了一种看不见的物质——以太，一个巨大的物体扭曲为以太后，形成了具有吸引力的"漩涡"，这个"旋涡"把物体拉向彼此。

从趋向到吸引

30秒理论

3秒钟快速浏览
牛顿不仅在数学上描述了引力，他还把引力的哲学性质从倾向于宇宙的中心转变为物体之间的引力。

3分钟详细解读
关于引力的古典观点是亚里士多德认为重的物体比轻的物体下落得快（这一观点被证实是错误的）似乎是可信的。重的物体有更多的物质想要到达宇宙的中心。这种引力模型也是中世纪科学发现很难将地球从宇宙中心移开的原因之一。这种想法也破坏了公认的自然机制。

人们很容易把注意力集中在牛顿的引力理论背后的数学原理上。但是，我们对引力本质理解的革命性转变来自于牛顿。自古希腊以来，引力一直被视为两种倾向的一半。土和水这两种元素有重力，而气和火这两种元素有浮力。引力使重元素寻找宇宙的中心，而在古希腊宇宙学中，宇宙的中心就是地球。轻元素想要远离宇宙的中心。这是一种内在倾向的结果，是重物体本质的一部分，重力使重物体趋向宇宙的中心。正如12世纪英国巴斯的自然哲学家阿德拉德所说："重的东西最好放在最低的位置。任何事物都有自保的性质，但其更倾向于它所爱的东西。因此，每一种土性的东西都必须朝向所有位置中最低的位置。"牛顿消除了引力只在宇宙中某一类物体中独有的特别性，将引力扩展为任意两个有质量的物体之间的力。

相关主题
质量与重量　84页
神秘的吸引力　112页
平方反比定律　118页

3秒钟人物
亚里士多德
（ARISTOTLE）
前384—前322
古希腊哲学家

阿德拉德
（ADELARD）
约1080—约1152
英国自然哲学家，他将许多古希腊和阿拉伯的科学著作翻译成拉丁文

本文作者
布莱恩·克莱格

古希腊的观点：土和水有重力（趋向于宇宙的中心）；气和火有浮力（远离宇宙中心）

牛顿与苹果

30秒理论

3秒钟快速浏览

在位于伍尔索普的家中，牛顿对苹果的思考可能给了他更多的思考引力的灵感（实际上这个苹果并没有正好掉落在他的头上）。

3分钟详细解读

斯蒂克利告诉我们："因此，他（牛顿）开始逐渐地把引力的这个属性应用到地球和天体的运动中去。为了找到这一属性的答案，在考虑了它们的距离、大小以及周期性的变化，并结合了一开始给他们留下深刻印象的渐进运动，这才完美地解答了它们圆形轨道的问题。最终将引力从一个苹果扩展到行星的运动。"

许多人认为牛顿和苹果的故事只是一个虚构的事。从某一方面来说确实如此。除了漫画家以外，没有人认为牛顿的灵感来自于一个砸在他头上的苹果。但是，苹果的主要故事确实出自牛顿之口。古文物研究者威廉·斯蒂克利描述了他于1726年4月15日拜访牛顿的情形，当时牛顿住在肯辛顿教堂街（现在在伦敦，但当时属于郊区）的奥贝尔大楼里。斯蒂克利叙述道："晚饭后，天气很暖和，我俩去了花园，在苹果树的树荫下喝茶。在讨论中他告诉我，当时也是在这样的情境下，万有引力的概念突然出现在他脑海里。他心里想，为什么苹果总是垂直地落到地上呢？当他坐在树下沉思的时候，一个苹果掉了下来。为什么它不是左右摇摆或者是向上掉落，而是不断地指向地球中心呢？毫无疑问，答案就是地球吸引了它。物质中一定有一种吸引的力量……如果物质能够如此吸引其他物质，引力必须与重量成比例。苹果吸引地球，同样，地球也吸引苹果。"

相关主题

从趋向到吸引　104页
平方反比定律　118页
引力的冥想　120页

3秒钟人物

汉娜·艾斯科（牛顿）
（HANNAH AYSCOUGH
（NEWTON））
1623 — 1679
牛顿的母亲，伍尔索普庄园和苹果树的主人

威廉·斯蒂克利
（WILLIAM STUKELEY）
1687 — 1765
为艾萨克·牛顿爵士的一生写回忆录的英国古文物研究者

本文作者

布莱恩·克莱格

激发牛顿灵感乍现的那棵苹果树仍然矗立在伍尔索普庄园。

轨道

30秒理论

我们与牛顿及他同时代的人相比有很大的优势。现在的我们已经可以看到当太空中的物体遵循第一运动定律时会发生什么。火箭证明了第三运动定律的有效性。把锤子和羽毛扔到月球上直接表明，如果没有空气阻力的话，不同质量的物体会以相同的速度下落。同样，国际空间站的宇航员展示了物体在轨道上的一个重要表现。在空间站里，人们四处漂浮，但不是因为那里的地球引力很弱（其实引力并不小，大约是地球表面值的百分之九十），而是因为它们处于自由落体状态，向地球的方向加速。正因为人和空间站以同样的速度下降，所以人会飘浮起来。正如牛顿在罗伯特·胡克的帮助下认识到的那样，轨道上正在下落的物体没有撞到地面的原因是因为它们也在以与地面成直角的角度运动，这两种运动——侧向运动和向下运动，是相互抵消的。牛顿能够把在轨道上的物体描绘成下落中的物体，但是永远地消失了。

3秒钟快速浏览
在轨道上的物体朝着它所围绕的物体自由落体，不过它的运动方向也与被围绕的物体成直角，并以合适的速度远离被围绕的物体，两者的运动恰好抵消。

3分钟详细解读
牛顿已经通过伽利略对抛射体运动的分析知道，一个抛物线形式的曲线路径可以由两种运动组合而成：一种是以稳定的速度沿直线向前的运动，另一种是有加速度的向下运动。不过，牛顿似乎并没有将这种思维应用到圆形和椭圆形轨道上，直到胡克的观察使他对事物有了不同的看法。

相关主题
向心力　96页
行星运动　126页
彗星　140页

3秒钟人物
伽利略·伽利莱
（GALILEO GALILEI）
1564—1642
意大利自然哲学家，他解释了抛射体的运动轨迹

罗伯特·胡克
（ROBERT HOOKE）
1635—1703
英国自然哲学家，他发现了轨道的本质

本文作者
布莱恩·克莱格

一个绕轨道运行的物体，或者空间站上的科学家，正在以自由落体的方式向地球加速，但也在向前运动中抵消这个自由落体。

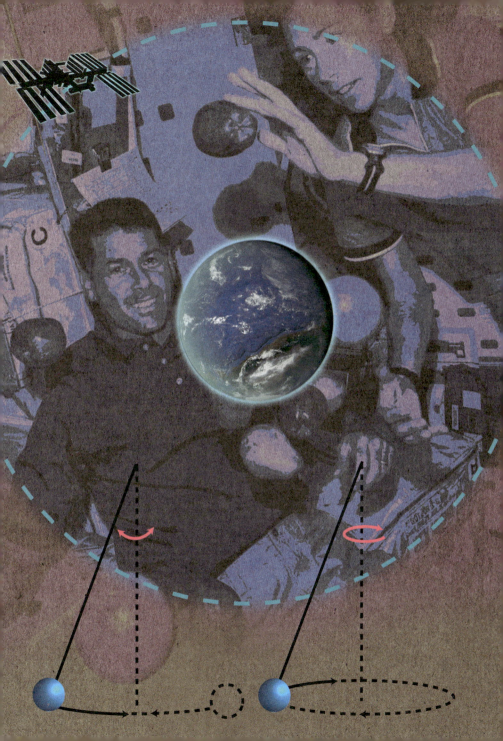

我不杜撰假说

30秒理论

3秒钟快速浏览
牛顿在其出版的著作中，谨慎地避免使用推测的假设来解释他的万有引力定律；他认为他的定律本身就足以解释。

3分钟详细解读
在牛顿最早的科学著作中，他并没有像后来那样小心翼翼地避免将事实和"假设"混为一谈。而他在光学领域的重大发现，如将白光分解成色彩，则是坚定地以观察为基础的，当他试图在粒子理论的背景下解释这些发现时，又变成了另一回事：他甚至称他早期的一篇论文为"解释光的性质的假设"。

1713年出版《自然哲学的数学原理》的第二版时，牛顿添加了一个"一般注释"来澄清一些他认为第一版中被"吹毛求疵"的人误解了的观点。他特别强调，书中的所有内容都是严格地从观察到的现象中得到的。在他做不到这一点的地方，他只是保持沉默而不作推测性的解释。例如，虽然他能够描述重力，但他没有说明它的最重要的来源是什么。一些读者把这看作是这本书的一个缺点，但牛顿却认为并非如此。因为，对这些问题作出解释必然是具有推测性的；然而，推测出来的结果在严谨的科学工作中没有立足之地。他把这种推测称为"假设"，并以著名的拉丁语短语"hypotheses non fingo"来表达他对它们的鄙视。这句话有多种翻译方式，但它的主旨是："我不杜撰假说"。他接着说："凡是没有从所观察到的现象中推论出来的理论，就叫做假说或假设，无论是形而上学的还是物理的，又是否具有神秘的还是机械的特质，在实验哲学中都没有一席之地。"

相关主题
光粒子　16页
神秘的吸引力　112页
引力的冥想　120页

3秒钟人物
罗伯特·胡克
（ROBERT HOOKE）
1635—1703
牛顿的反对者，他认为牛顿的光学研究是建立在"假设"的基础上的

戈特弗里德·莱布尼茨
（GOTTFRIED LEIBNIZ）
1646—1716
著名的《自然哲学的数学原理》批评家，他的论据被牛顿在《自然哲学的数学原理》（第二版）的注释中进行反驳

本文作者
安德鲁·梅

牛顿着手于描述重力是如何起作用的，而不是推测它是从哪里来的。他说，"假设"不适合他。

神秘的吸引力

30秒理论

在《自然哲学的数学原理》的某些部分，牛顿强调他只是在研究一个数学上的方法，而不是研究自然的现实情况。他明确地说他关心的是数学，"并把任何涉及到物理学的辩论都抛在一边"。这样做的原因是，他注意到有质量的物体之间的"吸引力"的概念会给他制造麻烦。当时以勒内·笛卡尔为首的大多数自然哲学家，他们都厌恶那种在没有任何外在因素影响的情况下可以远距离发挥作用的吸引力的想法。他们假设，自然空间里充满了某种东西，这种东西可以传递力来产生重力的效果。但是，牛顿的数学描述了一种纯粹的吸引力，他假装这只是数学上的一种怪现象的企图失败了。惠更斯谈论道："倘若他不给我们类似于吸引力的假设，我并不反对他不是个笛卡尔主义者"。他后面写道，"任何力学原理或运动规律都无法解释吸引力"，并宣称牛顿对引力的研究"实际上是回到了神秘的性质，更糟糕的是，回到了无法解释的性质"。

相关主题

从趋向到吸引　104页
牛顿与苹果　106页
我不杜撰假说　110页
引力的冥想　120页

3秒钟人物

勒内·笛卡尔
（RENE DESCARTES）
1596—1650
法国哲学家，他相信空间里充满了"以太"

克里斯蒂安·惠更斯
（CHRISTIAAN HUYGENS）
1629—1695
荷兰自然哲学家，他支持光波理论

本文作者

布莱恩·克莱格

3秒钟快速浏览

牛顿试图通过将吸引力限制在数学层面而不是物理上，来保护他利用吸引力解释远距离发挥作用的想法，但是不管怎样，他的批判者还是攻击了他的这种做法。

3分钟详细解读

吸引力这个词并没有什么用。在当时，这个词并没有应用于重力或磁力的作用上，实际上它只是形容一个人"有魅力"。惠更斯批评这种方法是"神秘的"，并不是指有魔法的，而是指这种说法的内在机制是隐藏的和未知的，缺乏一个简单的物理原理来解释这个吸引力。牛顿试图表明，只要数学起作用，这个问题就无关紧要了。不过，其他人并不认同他的说法。

牛顿驳斥了存在以太的观点。他的引力理论引起了人们的不安，因为它假定物体之间存在一种看不见的引力。

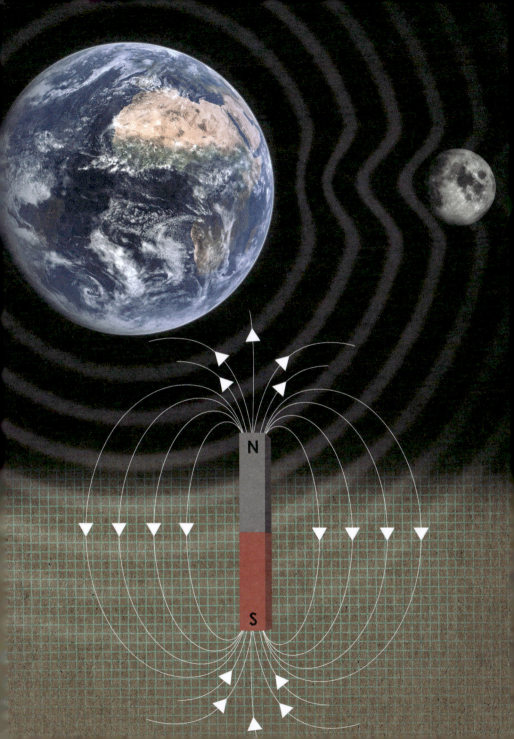

潮汐

30秒理论

3秒钟快速浏览
地球潮汐的涨落是由来自月球引力强度的差异（太阳引力影响的程度较小）导致的。

3分钟详细解读
实际上潮汐还受到包括地球—月球系统的自转、海洋动力学和陆地质量分布等因素的影响。除了我们熟悉的日周期外，还有，大潮周期较慢，潮差最大，小潮周期最小。牛顿指出，当月亮和太阳在地球同一侧排成一条直线一起发力时，就会出现大潮；而小潮则出现在月亮和太阳引力相互抵消的时候。

每天两次的海水潮汐是地球表面上少有的几种可以表现出与天体有关的可预测规律的现象之一，这让开普勒和其他人提出潮汐是由来自月球的引力引起的观点。然而，由于没有一个明显的理论来解释这个所谓的吸引力，因此这个见解有点神秘的味道。与开普勒同一时期的伽利略否定了吸引力的说法，转而选择了另一种解释（最终被证明这个解释是错误的）。这个问题留给了牛顿，他利用他新的引力理论证明潮汐确实是由月球引起的。根据平方反比定律计算，在地球最靠近月球的那一侧的海洋会比整个地球其他处感受到更强大的吸引力量，因此会向上膨胀。与此同时，另一边的海洋感受到一股较弱的力量，因此它们也会从表面凸起。牛顿还认为除了月亮以外，潮汐也受太阳的影响。太阳的引力造成的拉拽影响要比月球大得多，但由于太阳离得太远，所以它对地球从一边到另一边的变化的影响要小得多。最终的结果是太阳的潮汐效应大约是月球的一半。

相关主题
平方反比定律　118页
三体问题　130页

3秒钟人物
约翰尼斯·开普勒
（JOHANNES KEPLER）
1571—1630
德国天文学家，他推断潮汐是由月球引起的

伽利略·伽利莱
（GALILEO GALILEI）
1564—1642
意大利的先驱科学家，他拒绝接受月球引起潮汐的观点

本文作者
安德鲁·梅

太阳和月球共同控制着地球的潮汐，而月球的作用更明显些。来自月球的引力使海水膨胀凸起。

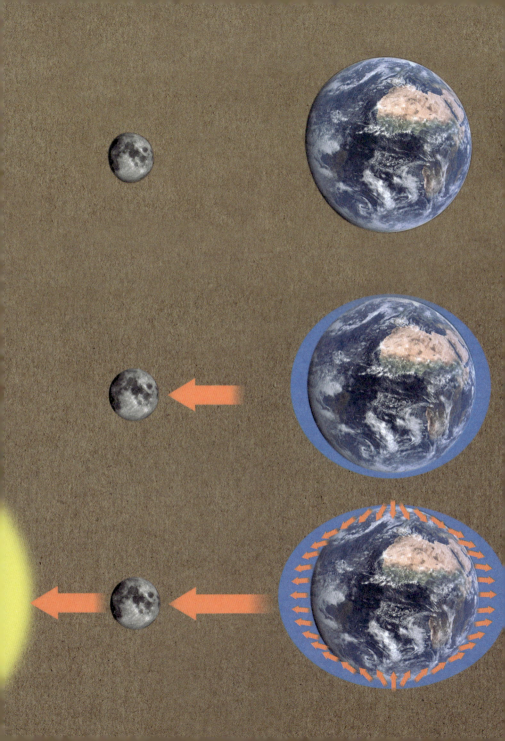

1627年1月25日
出生于爱尔兰沃特福德郡的利斯莫尔

1635年
就读于伊顿公学

1638年
从伊顿公学离开，跟随家庭教师学习

1639年
开始他的首次欧洲之旅

1642年
他来到了佛罗伦萨，在这段时间，伽利略于附近的阿塞特里逝世

1644年
回到英格兰，和他的姐姐凯瑟琳住在一起

1646年
参与"看不见的学院"的活动

1652年
返回到爱尔兰

1654年
移居至英国牛津

1661年
写了《怀疑派化学家》

1662年
为他1660年写作的《关于空气弹性及其物理力学的新实验》一书写了附录，其中包含了"波义耳定律"的形式

1668年
移居至英国伦敦

1680年
因为他不愿意宣誓而放弃英国皇家学会主席的职位

1691年12月31日
于伦敦逝世

人物传略：罗伯特·波义耳

ROBERT BOYLE

有翔实的证据表明，罗伯特·波义耳的著作对牛顿早期思想的形成起到重要作用。波义耳的父亲理查德是科克伯爵，也是英国最富有的人之一。虽然作为第七个儿子的罗伯特没有继承到一个爵位，但他有一个足够富有的家庭给他提供资金支持，让他能够追求自己的兴趣。

波义耳在伊顿公学接受教育，后来在一位私人家庭教师的陪同下，他花了相当长的时间游历欧洲。在他游历到意大利的时候恰逢伽利略去世，据说伽利略的离世对波义耳后来的研究有着很深的影响。英国内战给波义耳带来了很多困难，他父亲在一次战役中死去。家庭情况的突变、经济来源的中断，使他主要靠其他家庭成员的资助生活。在这段时间里，波义耳成为"看不见的学院"的创始人之一，该学院后来加入了英国皇家学会，这让他有机会进一步探索自己的科学思想。

随着奥利弗·克伦威尔在内战中取得了胜利，波义耳（他在很大程度上一直保持中立）获得了足够多的爱尔兰土地，这让他在余生中再也没有经济压力。应"看不见的学院"的领军人物约翰·威尔金斯的邀请，也因为波义耳发现在爱尔兰很难得到科学设备，他搬到了牛津，加入了约翰·沃利斯和克里斯托弗·雷恩等人的行列。正是在那里，他发表了一系列的重要作品。作品中包括《怀疑派化学家》，这个作品的出现标志着炼金术向化学的转变迈出了重要的第一步，也驳斥了亚里士多德的四元素学说。

波义耳也对气体进行了研究，使用的是罗伯特·胡克发明的气泵：他证明了声音不能在真空中传播，并建立了气体体积和气体中的压力之间的关系，这就是著名的波义耳定律。事实上，波义耳在这一发现上输给了另一位早期的英国皇家学会研究员亨利·鲍尔，但波义耳的名字一直沿用至今。更让人困惑的是，这个定律有时还会被称为马里奥特定律，尽管，法国物理学家埃德姆·马里奥特在接下来的14年里也不可能发现它。波义耳对牛顿的另一个重要影响是他坚持数学在所有科学分支中的重要性，这为牛顿在力学领域的研究指明了方向。1668年，波义耳搬到了伦敦，在那里他继续从事科学领域的研究工作并度过了自己的余生。

布莱恩·克莱格

平方反比定律

30秒理论

3秒钟快速浏览
牛顿论证了引力与所涉及物体的质量成正比，与两个物体之间距离的平方成反比。

3分钟详细解读
引力常数G，使引力的绝对数值成为可能，它不在《自然哲学的数学原理》中，只是用来处理互相成比例的数值。这个常数在牛顿去世很久以后最初是根据亨利·卡文迪什（Henry Cavendish）于1798年的测量结果推导出来的。由于重力是一种非常弱的力，很难精确测量，因为测量仪器中两个砝码之间的吸引力很小。

牛顿关于引力工作的核心思想是万有引力是符合平方反比定律的。牛顿引力方程的现代表述是：引力等于Gm_1m_2/r^2，换句话说，它等于引力常数G（不要与g混淆，g是由于地球的引力产生的海平面附近加速度），乘以两个物体的质量，再除以两个物体之间距离的平方。这个等式在《自然哲学的数学原理》中没有出现，尽管书中隐含了它。在《自然哲学的数学原理》出版之前，力的大小随物体之间距离的平方成反比变化的关键问题已经被推理过很多年了。值得注意的是，罗伯特·胡克很早就做过这个观察，并指责牛顿剽窃了他的想法。胡克确实在1666年写过，当一个物体接近吸引源物体时，引力会增加，后来他在给牛顿的信中推测道：这是一个平方反比效应。然而，与牛顿不同的是，胡克永远无法用数学方法证明这一点，而牛顿也做出了这样的说明：在胡克给他的信寄出之前，他就曾与克里斯托弗·雷恩讨论过平方反比的假设。

相关主题
从趋向到吸引　104页
引力的冥想　120页

3秒钟人物
罗伯特·胡克
（ROBERT HOOKE）
1635 — 1703
英国自然哲学家，他是牛顿的长期反对者

克里斯托弗·雷恩
（CHRISTOPH ER WREN）
1632 — 1723
英国建筑师和英国皇家学会的创始人

亨利·卡文迪什
（HENRY CAVENDISH）
1731 — 1810
英国自然哲学家

本文作者
布莱恩·克莱格

亨利·卡文迪什的工作为引力常数提供了一个值，他还设计了一些实验来研究空气、电子的吸引力和地球重量。

引力的冥想

30秒理论

3秒钟快速浏览

牛顿可能声称他没有建立过任何假设，但他确实有一个想法，即引力跟电子的吸引力和磁引力有着相似的成因。

3分钟详细解读

在后来，出现了一个关于引力的机械解释，牛顿很可能要同意这个说法了。这个理论由德·杜里耶和勒·赛奇提出，后来由凯尔文勋爵更新。该理论提出，恒定的粒子流从各个方向穿过整个宇宙。这些粒子流施加在物体上的推力被抵消了。但是，如果有一个物体从一个方向屏蔽了粒子，那么这个物体就会感受到一股朝向屏蔽体的拉力——这就是吸引力。

牛顿谨慎地表示，他提出的是一种与观测结果相匹配的数学方法，就引力在远距离是如何工作的这个问题来讲，他不会去任意猜测。然而他确实有一个理论。牛顿主要关心的是将假设的解决方案与彻底的数学阐述分离开来。他明确驳斥了笛卡尔关于行星运动是由以太漩涡引起的观点。然而，在不同的地方，牛顿提出引力的成因可能与"微妙的精神"有相似之处。这并不是一种灵异的现象，而是"潜伏在人体内的一种微妙的精神或物质，通过这种精神或物质，可以产生电引力和许多其他的现象"。他在《自然哲学的数学原理》结束语部分的早期草稿中提到了弗朗西斯·霍克斯比在英国皇家学会进行的电气实验，该实验证明了小规模的吸引力。牛顿并不认为引力和电引力或磁引力是相同的，他强调"引力定律和电引力或磁引力的定律有很大的不同"，但他觉得这些定律之间有家族关系，而且发现更多的不同类型的引力将最终可以为重力提供一个解释。

相关主题

从趋向到吸引　104页
牛顿与苹果　106页
我不杜撰假说　110页

3秒钟人物

弗朗西斯·霍克斯比
（FRANCIS HAUKSBEE）
1660—1713
英国自然哲学家，他的研究方向是静电

德·杜里耶
（DE DUILLIER）
1654—1753
瑞士数学家，他提出了一种解释引力的机械机制

勒·赛奇
（LE SAGE）
1724—1803
瑞士自然哲学家，他拓展了德·杜里耶的力学理论

本文作者

布莱恩·克莱格

勒·塞奇对狄德罗和达朗贝尔的百科全书做出了贡献。

地球以外

地球以外
术语

二分点 地球的旋转轴（一条穿过南北两极的直线）在绕着太阳旋转时呈倾斜状态。这意味着，在地球的旋转轨道上，旋转轴与地球和太阳之间的直线成直角的情况一年只会出现两次（春分和秋分），这两个点就是二分点。

弗兰斯蒂德的恒星图 牛顿需要天文方面的数据来使他的《自然哲学的数学原理》现代化，于是他通过皇室的关系，委托皇家天文学家约翰·弗兰斯蒂德制作并得到了这份恒星图。

高斯定理（Gauss's law） 是由卡尔·弗里德里希·高斯于19世纪推导出来的，用来描述电荷分布与产生电场的关系。高斯定理是一种复杂的数学运算，可以应用于万有引力的平方反比定律。

平方反比定律与万有引力定律 任何随着与源距离的平方相应减少的力（例如电磁学）都可以用平方反比定律来描述。然而，这个定律最著名的应用是牛顿的万有引力定律。

开普勒的行星运动定律 约翰尼斯·开普勒与伽利略是同时代的人，他的行星运动定律来源于观察。开普勒定律是这样的：行星的轨道是一个以太阳为焦点的椭圆；连接行星和太阳的直线会在相同的时间间隔内扫过相等的面积；完成一个轨道所花费的时间的平方与轨道的椭圆中心和轨道最远点之间的距离（椭圆长轴）的立方是成正比的。

开普勒椭圆（Keplerian ellipse） 约翰尼斯·开普勒从观测数据中推断出，行星是以椭圆的轨道绕着太阳运行的，太阳位于椭圆的两个焦点之一（相当于一个圆的中心）。这就是一个开普勒椭圆。

牛顿的万有引力理论　虽然牛顿热衷于坚持说他"没有提出任何关于引力如何作用的假设"，但他确实有一个理论，这个理论基于粒子流在宇宙中流动的影响。

抛物线　是一种对称的曲线，像一个开放的U形曲线，它近似于彗星绕太阳运行的轨迹，是典型的抛射体运动路径，由稳定的向前运动和呈直角方向的加速度结合而成。

摄动　由其他天体的引力所引起的行星轨道的偏差。

岁差　一个就像地球一样旋转的物体，围绕着一个旋转轴旋转（以地球为例，旋转轴就是一条穿过南北两极的直线）。如果这个轴本身的方向随时间旋转，那这个额外的旋转就被称为岁差。地球的岁差，导致二分点的时间发生变化，产生"二分点的岁差"。

壳层定理（Shell theorem）　牛顿为了得到他的万有引力定律，不得不计算出一个物体的所有不同部分如何加总起来形成一个合力。他证明了一种可能的情况：把一个物体当作地球，就像把所有的质量都集中在它的中心的一个点上一样，而且对于一个空心的球壳，不管它有多重，它都不会受到引力的影响。

三体问题　牛顿的万有引力定律使我们能够精确地计算出两个物体之间的引力，比如地球和太阳。然而，如果再加上一个物体，就不可能对他们产生引力的方式得到一个完全的解决方案。我们可以非常接近一个答案，但它总是一个近似值。这就是三体问题。

双体问题　牛顿的万有引力定律精确地定义了两个巨大物体之间的相互作用，比如地球和太阳（或者苹果和地球）。这是双体问题，与三体问题形成对照。

行星运动

30秒理论

3秒钟快速浏览

古希腊关于宇宙的结构学说已经被证明是不正确的，牛顿更进一步地将应用于苹果的万有引力应用到了行星上。

3分钟详细解读

牛顿以一种奇怪的方式来思考这个问题。他说，他最初以一种"通俗"的形式写了第三本书，但后来他重写了这本书，并把读者限定在了那些懂数学的人。奇怪的是，牛顿一开始并没有从开普勒的著作中所预期的椭圆轨道出发，而是首先假设了圆形轨道，并论证了为什么行星应该遵循平方反比定律，然后用数学的方法推导出实际上轨道必须是椭圆的。

自古希腊人以来，就有一种假设，认为在月球（月下区域）轨道内发生的状况与宇宙的其他部分完全不同。甚至还有一个单独的元素，被称为第五元素，来弥补环境的完美，这种环境始于未失去光泽的圆环和完整球体的月亮。这幅画卷被哥白尼的宇宙说所动摇，又被开普勒的行星运动定律所粉碎，开普勒行星运动定律认为行星的轨道是椭圆形的，并非是一个"完美"的圆。尽管如此，牛顿时代的大多数自然哲学家仍然保留着古希腊体系的残余，以此来树立他们的世界观。具体来说，他们假设保持行星在轨道上运行的机制和地球上的重力的工作方式是完全独立的。但是牛顿提出了一个普遍的万有引力定律，这个定律既可以解释地球绕太阳运行的轨迹，亦可以解释苹果落向地面的过程。他在《自然哲学的数学原理》里面命名为"世界系统"的第三卷中解释了行星和它们的卫星是如何运动的，并由他提出的平方反比定律所支配。

相关主题

轨道 108页

平方反比定律 118页

三体问题 130页

3秒钟人物

尼古拉·哥白尼
（NICOLAUS COPERNICUS）
1473 —1543
波兰人，宇宙日心说模型的提出者

约翰尼斯·开普勒
（JOHANNES KEPLER）
1571 —1630
德国天文学家，他推导出行星运动的定律

本文作者

布莱恩·克莱格

约翰尼斯·开普勒于1609年宣布了他的三大行星运动定律中的前两个，这两个定律确立了行星以椭圆形的轨道围绕太阳运行。

主体在哪里？

30秒理论

3秒钟快速浏览

像地球这样的球形物体所产生的重力，就好像物体的所有质量都被集中在它的球心一样。

3分钟详细解读

壳层定理也预测了在地壳内部物体的重力：在这种情况下，重力完全为零。这意味着，如果一个人垂直向下地往行星的中心方向挖掘，他只会感觉到物体的重力在下降而不是在上升。在地球的正中心，重力将降为零。

当牛顿看到苹果落下时，最让他困惑的是为什么苹果会垂直向下坠落，就好像它被拉向地球的正中心一样。根据牛顿的万有引力理论，每一小块物质都应该对每一个其他小块物质有引力。这意味着苹果应该受到来自地球不同地方的无数力量的影响。为什么合力最终会精确地指向地球中心呢？他最终解决这个问题的方法，出现在《自然哲学的数学原理》一书中，被称为壳层定理。该定理描述了由一层薄薄的球状物质将引力施加于物体。如果物体在壳层外，它所受到的力和壳层的所有质量集中在中心时的力是一样的。因为地球可以被看作是一大堆同心球壳层，这就解释了为什么在它表面上的任何物体，或者在它周围轨道上的任何物体，所受到的引力都精确地指向它的中心。牛顿对壳层定理的几何证明相当复杂，但是，用数学上一种更现代的被称为表面积分法的方法来证明就容易一些，该方法将引力场与高斯定理的变体结合起来，常常应用于电力学。

相关主题

牛顿与苹果　106页
平方反比定律　118页

3秒钟人物

卡尔·弗里德里希·高斯
（CARL FRIEDRICH GAUSS）
1777—1855
德国数学家，他对牛顿的万有引力定律做出了另一种系统阐述

本文作者

安德鲁·梅

牛顿把地球看成是一系列的壳层的集合，并利用壳层定理，解释了为什么在地球上的任何地方，我们都能感觉到有引力把我们在向地球中心拉扯。

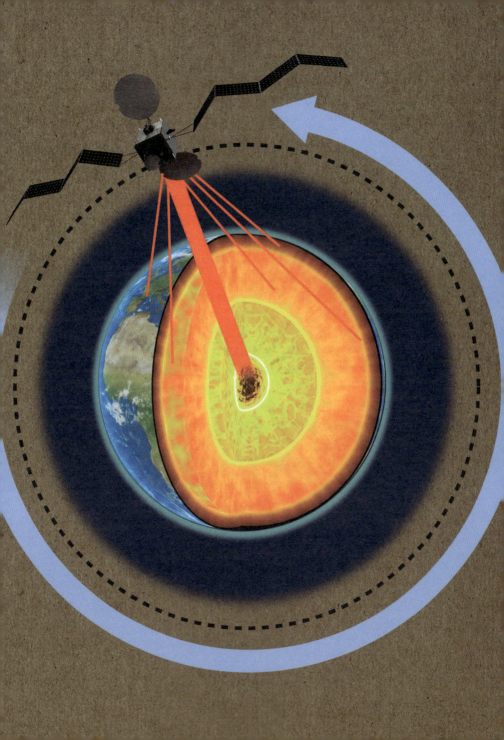

三体问题

30秒理论

牛顿的万有引力理论最简单的应用是关于两个天体的问题，例如一个绕太阳运行的行星或一个绕地球运行的卫星。在这种情况下，方程式会有一个与开普勒的行星运动定律相对应的精确的解。然而，两个天体可以完全脱离其他引力影响的情况是很少见的。三体问题是下一个具有复杂性的研究项目，虽然它在数字方面只是从二到三的一小步，但在数学复杂性方面却是一大步。经典的三体问题是地球、月球和太阳之间引力的问题，牛顿多年来一直在努力解决这个问题，但成效甚微。如果把月球的轨道近似成一个受到太阳引力干扰作用而形成的开普勒椭圆，就可以相当准确地预测月球绕地球的轨道。然而，对于三体问题，并没有像对双体问题那样的通解。这不仅是人类智慧的局限性，也是数学的固有特征（无定量解），法国数学家亨利·庞加莱在19世纪末证明了这一点。

3秒钟快速浏览

牛顿得到了三体问题，比如太阳、地球和月亮之间引力问题的近似解，但这个问题不能被精确地解决。

3分钟详细解读

尽管对于三体问题并没有普遍的数学解决方案，但可以通过在一台计算机上针对具体情况求解牛顿的方程式来得到答案。迈克尔·米诺维奇是最早这么做的人之一，他将这个方法应用于1960年代的航天器轨道方面的研究，并发现了引力弹弓效应。航天器在太阳系运行的过程中，每当它经过并靠近一颗行星时，通过引力弹弓就能高效改变其运行速度。

相关主题

行星运动　126页
月球运动　132页
摄动　134页

3秒钟人物

约翰尼斯·开普勒
（JOHANNES KEPLER）
1571—1630
德国天文学家，他概述了行星运动的三大定律

亨利·庞加莱
（HENRI POINCARÉ）
1854—1912
法国数学家，他分析了三体问题

迈克尔·米诺维奇
（MICHAEL MINOVITCH）
1936—至今
美国数学家，他将三体问题应用于航天器轨道的研究

本文作者

安德鲁·梅

宇宙飞船可以利用它经过的行星的引力的弹弓效应来提升自己的运行速度。

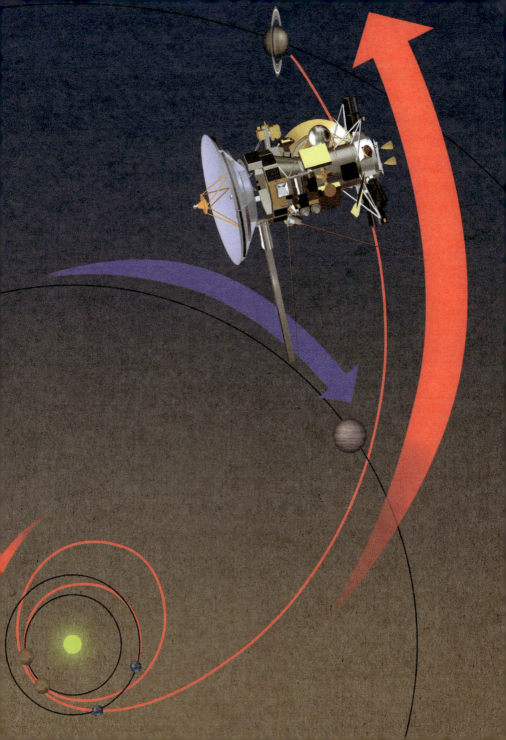

月球运动

30秒理论

牛顿在"月球实验"中利用月球来检验万有引力的有效性。他首先通过大量天文学家提供的各种各样的测量数据（这其中纠正了第谷·布拉赫的一个错误）确定了地球和月球之间的距离，关于地月距离是这样说的："大概为60个地球的半径"。这是一个不错的估计：月球的实际轨道在地球半径的56.9倍和63.6倍之间变化，平均为60.3倍。接着，他想象月亮停在轨道上不再运行，而是在重力的作用下坠落。他利用平方反比定律计算出，月亮会在一分钟内降落"15巴黎英尺、1英寸和1又4/9线"（1线等于1 / 12英寸）。他通过计算找到了月球在地球表面的等效物，发现它与惠更斯所观察到的巴黎纬度上的钟摆每秒摆动的情况是一样的。他得意洋洋地记录道："因此，抑制月球从自身轨道往地球表面掉落而让月球持续保持在其轨道上的力，等同于来自于地球的重力，所以（按照规则1和规则2），这正是我们称之为重力的力。"

3秒钟快速浏览
牛顿利用关于月球的已知事实，假设如果月球不在运行状态，它将如何坠落，并由此建立了万有引力的普遍特征。

3分钟详细解读
规则1和规则2出现在书的开头，是这样表述的："除了那些真实的，而且足以说明自然事物现象的原因之外，我们认为自然界的事物没有更多的原因"和"对于同样的自然界的结果，我们必须尽可能将他们归于相同的原因"。这与爱因斯坦提出的等效性原理所采用的方法是相似的，即将加速度和引力等同起来。

相关主题
轨道　108页
平方反比定律　118页
行星运动　126页

3秒钟人物
第谷·布拉赫
（TYCHO BRAHE）
1546 — 1601
丹麦天文学家，在计算地球到月球的距离时犯了错误

克里斯蒂安·惠更斯
（CHRISTIAAN HUYGENS）
1629 — 1695
荷兰自然哲学家

本文作者
布莱恩·克莱格

1684年，牛顿完成了他著名的月球思想实验，并将其收录在《自然哲学的数学原理》的第一版中。

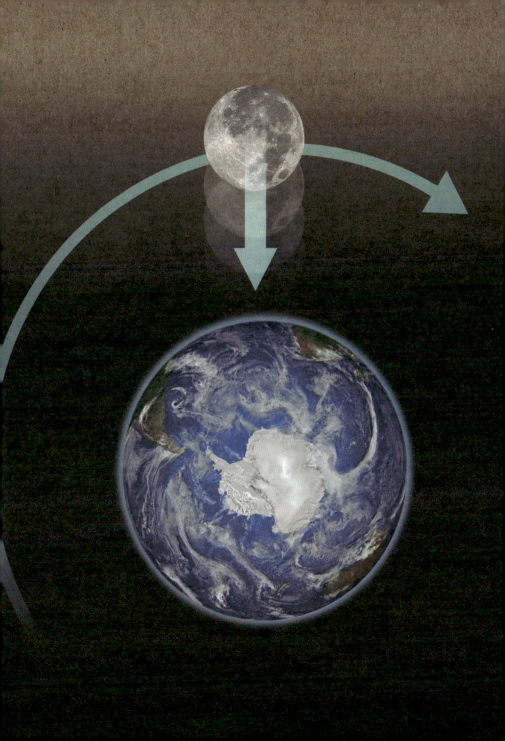

摄动

30秒理论

3秒钟快速浏览

牛顿正确地预言道，像木星和土星这样的行星，当它们的轨道接近时，会对彼此产生足够的引力，从而改变轨道的方向。

3分钟详细解读

牛顿问英国皇家天文学家约翰·弗兰斯蒂德，与开普勒轨道方面的预测相比较而言，他是否观察到了土星运动意想不到的变化。弗兰斯蒂德同意有变化的说法，但认为这些变化小得可以当作观测误差。他断定"我几乎没想过会有任何这样的影响……就像我们向以太说法的屈服一样，我并不能断言，任何作用在某个行星上的力都可以扰乱另外一个行星的运动。"

牛顿所在时代比伽利略发现木星的前四颗卫星晚了不到一个世纪，当时的天文学设备条件是依然非常简陋的。然而，牛顿关于万有引力的一个关键论点证明，他的数学方法不仅适用于距离地球相对较近的天体，也适用于木星对土星轨道的影响。这两颗行星都是肉眼可见的，自古以来人们就认识到了它们，但牛顿却对他们做了精细的观察，他意识到像木星和土星这样的巨行星对它们附近的任何物体都会产生显著的引力。正如牛顿在《自然哲学的数学原理》中说的那样："木星和土星通过相互吸引往会合处接近，并且明显地干扰彼此的运动轨道。"在实践中，虽然牛顿在概念上是正确的，但是他预测摄动值的尝试不可避免地存在缺陷，因为他处理的是一个关于太阳、木星和土星的三体问题，他们彼此之间都有重要的影响。如果没有作某种限制或取近似值，就没有办法完全解决这个问题。实际上由于实际的摄动太小，以至于牛顿时代的天文望远镜在观察轨道变化方面无济于事。

3秒钟人物

伽利略·伽利莱
（GALILEO GALILEI）
1564—1642
意大利自然哲学家，他发现了木星的四个卫星

约翰尼斯·开普勒
（JOHANNES KEPLER）
1571—1630
德国天文学家和数学家

约翰·弗兰斯蒂德
（JOHN FLAMSTEED）
1646—1719
英国天文学家，他是第一位皇家天文学家

本文作者

布莱恩·克莱格

约翰·弗兰斯蒂德指出，木星和土星围绕太阳运行的轨道存在摄动——这也证明了万有引力的影响。

岁差

30秒理论

到牛顿时代，地轴经历一个缓慢的旋转，进而产生二分点（春分、秋分）的岁差的情况已经被人们知道1800年了。但是，牛顿关于引力新数学方法的一个真正成就是给出了产生这种现象的正确原因。众所周知，地球不是一个完美的球体，因为它在赤道周围有隆起的部分（地球的自转引起的）。牛顿意识到，由于地球转动轴的倾斜，太阳和月亮的引力在靠近隆起的部分较大，而在远离隆起的部分较小。他计算出，这将会对地轴的方向产生影响，从而导致地轴缓慢旋转，并扫掠出一个锥体形状。他计算出的这种效应应该会产生与观测到的岁差几乎完全一致的结果。牛顿以一种巧妙的方式做到了这一点，从月球的摄动变成一个连续的月球环，成为地球赤道隆起的部分。正如在牛顿以往的关键工作中，他所作的假设并不完全正确一样，虽然本次他计算的结果非常接近观测值，但是他所作的解释说明目前仍受到质疑。

3秒钟快速浏览

牛顿用他的万有引力理论解释了二分点（即春分和秋分）的岁差是由于太阳和月亮对地球位于赤道隆起部分的影响造成的。

3分钟详细解读

春分点和秋分点（将夏至和冬至之间的两个半年分开的时节），是地球的轴心既不向太阳倾斜又没有远离太阳的时候，地球位于轨道上的点。不过，地轴每隔26000年就会完成一次圆周运动。这种"岁差"的影响是，二分点（春分和秋分）和二至点（夏至和冬至）在地球绕太阳旋转的轨道上的标记点会随着年份的变化而缓慢变换。

相关主题

发明数据　18页
平方反比定律　118页
摄动　134页

3秒钟人物

希帕克斯
（HIPPARCHUS）
约前190—前120
发现二分点岁差的古希腊天文学家

克罗狄斯·托勒密
（CLAUDIUS PTOLEMY）
约85—165
希腊罗马的天文学家，直到牛顿时期他的理论都是天文理论的基础

本文作者

布莱恩·克莱格

地轴转动造成的岁差影响着南极和北极的位置，大约26000年地轴可以完成一圈转动。

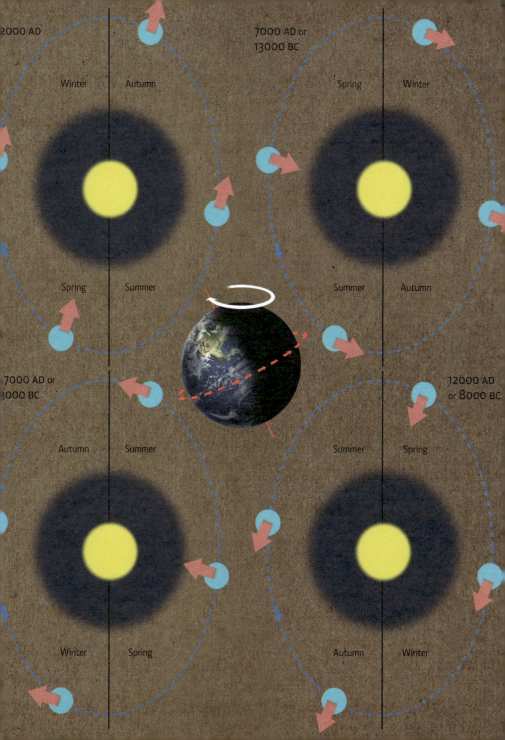

1646年8月19日
出生在英格兰中北部
德比郡的德比市

1662年
开始自学天文学

1674年
被授予剑桥大学耶稣
学院的文科硕士

1675年
被任命为皇家天文台
台长

1675年
被任命为牧师

1676年
开始在格林威治皇家
天文台从事观测工作

1677年
被选为英国皇家学会
会员

1694年
开始与牛顿通信联系
讨论关于月球的数据

1705年
开始从事天文目录方
面的工作

1711年
被牛顿召至英国皇家
学会的理事会前解释
他的工作

1712年
牛顿出版了由哈雷编
辑的《弗兰斯蒂德星
表》的盗版版本

1712年前期
销毁了400份盗版星
表中的300份

1719年12月31日
于格林威治逝世

1725年
出版了由其本人编
辑的《弗兰斯蒂德
星表》

人物传略：约翰·弗兰斯蒂德

JOHN FLAMSTEED

牛顿在科学上的最后一个重要敌人就是约翰·弗兰斯蒂德，他们两人关于天文数据的争论甚至损害了弗兰斯蒂德事业的发展。

年轻时候的弗兰斯蒂德就读于德比的一所好学校，他原本有机会去牛津大学或剑桥大学深造，但健康问题导致他取消了上大学的计划。弗兰斯蒂德的母亲去世的早，他丧偶的父亲曾尝试图阻止他跟随自己在天文学方面的兴趣，但无济于事。弗兰斯蒂德十几岁时，就开始自主组织阅读和实践活动的计划。1671年，他首次进行系统的观测，大约在同一时间，他开始给英国皇家学会的亨利·奥尔登堡和约翰·柯林斯写信。

弗兰斯蒂德通过英国皇家学会结交了新的有影响力的朋友，尤其是数学家、测量师乔纳斯·摩尔，他后来也成为弗兰斯蒂德的赞助人。这些朋友通过影响查理二世国王，让弗兰斯蒂德获得了他于1674年曾短暂就读过的剑桥大学耶稣学院的文科硕士学位，进而使弗兰斯蒂德得到了皇家天文台台长的职位，这个职位被认为是皇家天文学家。这个职位给他带来了100英镑的薪水和符合他工作要求的新的格林威治天文台。

弗兰斯蒂德也是在这个时候被任命为牧师，这使得他能够在萨里郡的伯斯托获得一点收入，尽管他直到1684年才上任。作为一名天文学家，他研究了日蚀和彗星，其中最著名的成就就是他的恒星命名法，这是一个在牛顿影响下的事业。弗兰斯蒂德是通过英国皇家学会才与牛顿有些许接触的，一开始他可能觉得很荣幸被邀请为《自然哲学的数学原理》提供数据，但当他发现自己的贡献几乎没有得到认可时，他就不那么高兴了。

17世纪90年代中期，牛顿和弗兰斯蒂德开始通信联系，在此期间他们的关系开始走下坡路。之前弗兰斯蒂德已经和牛顿的主要支持者哈雷就他们互相竞争的潮汐表发生了争执，现在他遇到了一个更危险的敌人。牛顿要求弗兰斯蒂德提供越来越多的数据，并且反复批评他所提供数据的质量。牛顿搬到皇家铸币厂并且经过短暂的休息后，要求乔治王子委托弗兰斯蒂德制作一份天文目录时，更多的问题出现了。因为牛顿的图书并不需要太多皇家天文学家提供信息，结果弗兰斯蒂德的预算被严重削减。两人之间发生激烈且经常公开的争论并持续了很多年，这也导致了弗兰斯蒂德的最终版星表直到他去世后才被发表出来。

布莱恩·克莱格

彗星

30秒理论

1680年秋天，一颗彗星出现在清晨的天空。在地球上的观测者看来，这颗彗星在大家的视野中消失之前似乎是沿着直线朝着太阳的方向移动了几天。大约一个月后，另一颗更加明亮的彗星出现在夜空，这次是朝着远离太阳的方向移动。英国皇家天文学家约翰·弗兰斯蒂德推测，这两颗彗星实际上是同一颗，其运动方向被太阳的一种磁推斥所逆转。牛顿认为弗兰斯蒂德的说法很可笑；起初，他拒绝了那是同一颗彗星的说法，因为他看不出这颗彗星为什么会如此显著地改变方向。然而，当他几年后从事《自然哲学的数学原理》的编写时，他意识到这确实是同一颗彗星，但它并不是受太阳磁力的影响，而是受其重力的影响才这样的。他认为，彗星像行星一样在开普勒椭圆上运动，但这个椭圆被拉长了，以至于可以将其轨道近似于一条叫做抛物线的开放曲线。1705年，埃德蒙·哈雷利用牛顿的理论预测另一颗早在1682年被观察到的彗星将在1758年再次出现。哈雷彗星如期重现，这是牛顿定律预测能力的首次重大验证。

3秒钟快速浏览

牛顿指出彗星像其他行星一样沿着椭圆轨道运行，但不是近似圆形的椭圆，而是被高度拉长的椭圆。

3分钟详细解读

除了轨道的形状特殊以外，彗星的另一个显著特征是它们的视觉外观。与大多数天体近似于球体的外观不同的是，彗星通常有一个长长的尾巴，而这个尾巴距太阳越近越明显。牛顿正确地推理出，彗星的尾巴是由其固体核在被太阳加热时释放出的蒸汽组成的。

相关主题

轨道　108页
行星运动　126页

3秒钟人物

约翰·弗兰斯蒂德（JOHN FLAMSTEED）
1646—1719
第一个皇家天文学家，他推测了彗星的性质

埃德蒙·哈雷（EDMUND HALLEY）
1656—1742
弗兰斯蒂德的接班人，他预言1682年出现的彗星将在1758年再次出现

本文作者

安德鲁·梅

牛顿解释了为什么彗星有尾巴和彗星绕太阳运行的被拉长的椭圆轨道；哈雷随后预言了以他的名字命名的彗星（即哈雷彗星）在1758年的再次出现。